광고비는 줄이고
매출은 오르는

배달앱 마케팅

광고비는 줄이고
매출은 오르는

배달앱 마케팅

초판 1쇄 인쇄   2022년 11월 14일
초판 1쇄 발행   2022년 11월 24일

지은이   백진원
펴낸이   이종두
펴낸곳   ㈜새로운 제안

기획·편집 장아름
디자인   이지선
영업   문성빈, 김남권, 조용훈
경영지원   이정민, 김효선

주소   경기도 부천시 조마루로385번길 122 삼보테크노타워 2002호
홈페이지   www.jean.co.kr
쇼핑몰   www.baek2.kr(백두도서쇼핑몰)
SNS   인스타그램(@newjeanbook), 페이스북(@srwjean)
이메일   newjeanbook@naver.com
전화   032) 719-8041   팩스   032) 719-8042
등록   2005년 12월 22일 제2020-000041호
ISBN   978-89-5533-635-1(03320)

광고비는 줄이고
매출은 오르는

배달앱
마케팅

백진원 지음

새로운 제안

2020년대의 골드러시

1848년 미국 캘리포니아주 새크라멘토강 근처에서 우연히 금이 발견됐습니다. 그 소문은 전 세계로 퍼져 1948년에는 미국뿐만 아니라 유럽, 중남미, 중국 등지에서 약 10만 명의 사람들이 캘리포니아주로 이주하기도 했습니다. 그런데 끊임없는 사람들의 유입으로 인해 금의 전체 채굴량은 증가했으나 개개인의 채굴량은 기하급수적으로 감소했습니다. 오히려 채굴하는 사람들에게 청바지를 만들어 판매한 '리바이스'는 세계적인 청바지 브랜드가 되기도 했습니다. 이것이 바로 우리가 알고 있는 '골드러시'입니다.

그렇다면 금을 채굴한 사람들 중 부자가 된 사람은 없었을까요?

금을 채굴해 부자가 된 사람도 분명 있었을 것입니다. 그곳에서 가장 먼저 금을 채굴한 사람이 아니더라도 누군가는 채굴법에 대해 깊이 고민하고 새로운 장비도 개발해 금을 효율적으로 채굴하고자 노력했을 것입니다. 그리고 그 누군가는 적어진 개개인의 채굴량에 많은 사람들이 한탄하고 있을 때 깊게 고민하고 실행으로 옮긴 결과 비로소 많은 금을 채굴해 부자가 됐을 것입니다.

역사는 반복되듯 저는 이런 골드러시가 현재 음식 배달시장에서 일어나고 있다고 생각합니다.

몇 해 전부터 음식점을 창업하는 사람이라면 누구나 '배달'을 고려해야 할 만큼 음식 배달시장은 가파르게 성장했습니다. 그리고 코로나19가 등장하면서 시장은 급격히 커졌고 금을 채굴하러 이주한 사람들처럼 많은 사람들이 음식 배달시장으로 뛰어들었습니다. 그 시기에는 배달앱에 입점만 해도 주문이 몰려들었습니다. 하지만 골드러시 기간 중 개개인의 금 채굴량이 감소했듯 코로나19가 일상이 되면서 많은 배달음식점들의 매출이 감소하고 있습니다. 또한 금을 채굴하는 사람들을 대상으로 청바지를 판매한 리바이스가 성공한 것처럼 배달 플랫폼 회사나 배달 대행사는 배달음식점에 가격 부담을 전가하며 높은 가치를 인정받고 있습니다.

저도 배달시장에 무모하게 뛰어든 사람들 중 한 명이었습니다. 향후 음식 배달시장이 커질 것을 예상해 창업을 했고 코로나19로 인한 수혜를 입었습니다. 생각지도 못한 많은 주문에 배달앱의 주문 접수를 멈추기도 했고 배달 라이더의 배차가 지연돼 가까운 거리는 직접 뛰어가 배달하기도 했습니다. 하지만 코로나19가 일상으로 다가올 때부터는 이전보다 확연하게 줄어든 주문 수를 마주했습니다. '이래서는 안 되겠다'라는 생각에 배달음식점에서 음식이 팔리는 원리에 대해 고민했습니다. 그리고 실행에 옮겼습니다. 그 결과 많은 배달 라이더들이 문 앞을 서성이는, 주문 수가 많은 배달음식점을 운영할 수 있었습니다. 만약 매출이 감소하던 시기에 고민과 실행 없이 한탄만 했었다면 저도 그저 그런 배달음식점을 운영하는 사람들 중 한 명이었을 것입니다.

배달음식점에서 음식이 팔리는 원리, 그리고 실행

배달음식점을 운영하는 것은 결코 쉬운 일이 아닙니다. 기본적으로 장사에 많은 시간을 할애해야 하며 이전에는 하지 않았던 배달앱 관리까지 해야 합니다. 하지만 이렇게 관리를 한다고 해도 주문 접수는 배달앱에, 배달은 배달 대행사에 의존할 수밖에 없습니다. 그리고 무엇보다 배달음식점 운영이 어려운 가장 큰 이유는 이전에는 없던 형태의 장사이기 때문입니다. 누군가 운영 방법에 대해 체계적으로 알려주지 않아 지금 내가 하는 고민과 노력이 실제로 맞는지 알 수가 없습니다. 본 책을 읽는다고 월 1억 원의 매출을 단숨에 올릴 수는 없을 것입니다. 다만 본 책을 읽음으로써 배달음식점에서 음식이 팔리는 원리에 대해 이해하고 실행할 수 있습니다. 현실과는 거리가 먼, 뜬구름 잡는 이론 이야기가 아닙니다. 실제로 제가 알려드린 방법의 원리를 이해하고 실행해 매출이 향상된 사례를 본 책의 7장과 제가 운영하는 블로그에서 충분히 보여주고 있습니다.

누구나 쉽게 하는 것은 결코 나만의 무기가 되지 못합니다. 울트라콜 위치만 옮겨서 매출이 향상된다면 그것은 누구나 할 수 있는 것입니다. 배달음식점을 운영하는 사장님들의 가장 큰 무기는 음식이 팔리는 원리에 대해 이해하고 실행하는 것입니다. 몰라서 못하는 것은 잘못이 아니지만 알면서도 실행하지 않는 것은 잘못입니다. 원리를 이해하고 반드시 실행하는 사장님이 되길 바랍니다.

저의 원고에 선뜻 출간을 제안해주신 새로운 제안과 많은 도움을 주신 장아름 대리님께 감사드립니다. 같이 배달음식점을 운영하며 함께했던 나의 벗 이재성 님께도 감사드립니다. 마지막으로 곁에서 늘 응원해주는 아내 미선, 늘 떳떳하게 살아가야 할 이유를 만들어주는 아들 시윤, 딸 시아에게 사랑한다는 말을 전합니다.

2022년 겨울

백진원 드림

4장

배달앱의 주문 수 향상 비법

5장

단골 고객을 만드는 서비스

6장

효과적인 울트라콜 활용법

7장

배달음식점 컨설팅 사례

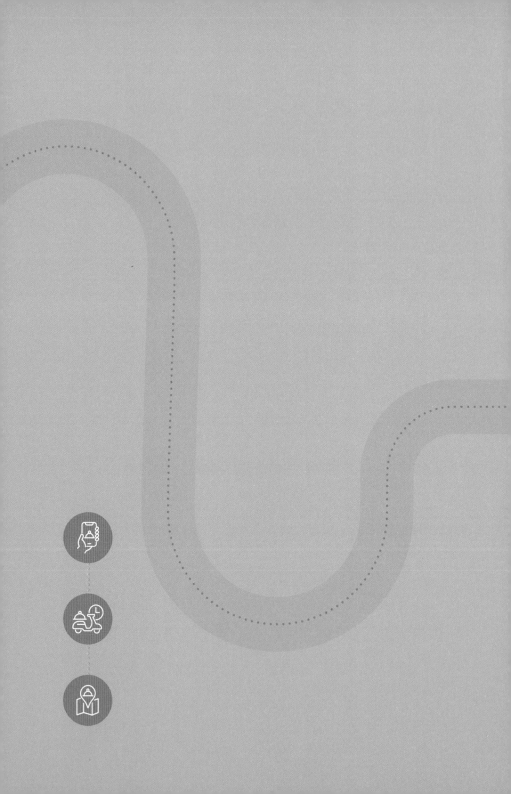

음식 배달시장의 이해

01

코로나19와 음식 배달시장

　코로나19를 기준으로 이전과 이후의 세상으로 나눠질 것이라고 예측하는 학자들이 많습니다. 실제로 우리 삶에서도 코로나19 이후 많은 변화가 일어나고 있습니다. 음식 배달시장 역시 마찬가지입니다.

　배달음식점은 코로나19로 인해 수혜를 받은 대표적인 업종입니다. 사람들은 외출과 외식을 자제했고 사적이든 공적이든 모임이 줄어들면서 홀매장에 대한 수요는 감소한 반면, 배달음식점에 대한 수요는 오히려 증가했습니다. 실제로 하루 1회 이상 외식을 하는 비율이 2019년 약 33.3%에서 2020년 약 28.0%로 감소한 데 반해, 가정에서 배달이나 포장 등으로 음식을 섭취한 비율은 2019년 약

15.4%에서 2020년 약 18.7%로 증가했습니다.[1]

음식 배달시장이 커짐에 따라 '배달의민족', '요기요', '쿠팡이츠' 같은 배달 플랫폼 회사들은 놀라운 매출 증가세를 보였고 "국민 3명 중 1명은 라이더"라는 말이 나올 정도로 음식을 배달하는 배달 라이더와 대행사도 늘었습니다. 또한 홀매장에서 배달을 하는 것은 당연한 사항이 됐으며 배달 전문 음식점, 공유 주방, 숍인숍같이 이전에는 없었거나 아주 소수만 존재했던 형태의 음식점들도 나타나기 시작했습니다. 심지어 주점들도 영업시간 제한 등의 규제 상황에서 버티기 위해 음식을 배달하는 경우도 생겨났습니다.

최근에 배달음식점을 창업한 사장님들에게는 낯선 이야기일 수 있지만, 코로나19가 한창 유행하던 시기에는 비나 눈이 오는 등 날씨가 조금이라도 궂은 날이면 음식을 만들었으나 배달 라이더가 부족해 배차가 지연되는 시간이 기본 30분 정도였습니다. 배달 라이더에게 늦어도 좋으니 배달 음식 3개를 묶어서 가줄 것을 부탁하기도 하고 밀려드는 주문에 배달앱을 통한 접수를 중지하는 일도 반복되곤 했습니다.

그렇게 음식 배달시장에 영원한 수혜를 줄 것 같던 코로나19가

1] "코로나19가 식습관 바꿨다…아침식사 결식·배달음식 섭취 증가" (프레시안, 2022년 6월 12일)

비교적 흔한 질병으로 인식되는 엔데믹으로 전환됐습니다. 그리고 그 이후부터 지금까지 음식 배달시장은 코로나19의 수혜에서 벗어나 엔데믹의 소외를 받고 있습니다.

조사 기관에 따르면 2022년 6월 기준 2021년 12월과 비교하면 배달의민족은 75만 명, 요기요는 159만 명, 쿠팡이츠는 264만 명의 이용자 수가 감소한 것으로 나타났습니다.[2] 그 기간 소상공인의 평균 매출은 10% 이상 증가한 상황이니 음식 배달을 전문으로 하는 배달음식점의 매출이 크게 감소했음을 알 수 있습니다.

더 큰 문제는 이 현상이 일시적인 것이 아닐 수 있다는 점입니다. 현재 배달음식점의 대내외적인 환경은 점점 더 나빠지고 있으며 이는 가까운 시일 안에 개선될 요인들이 아닙니다. 대표적인 요인에는 인플레이션, 수요의 감소, 고객의 시선이 있습니다.

우선 인플레이션부터 이야기해보겠습니다. 코로나19로 인해 전 세계 많은 국가들이 시중에 돈을 풀었고 이로 인해 우리는 수십 년 만에 인플레이션이라는 단어를 마주하게 됐습니다. 인플레이션은 배달음식점이 사용하는 식자재에 가장 큰 영향을 미칩니다. 대부분의 배달음식점에서 사용하는 식용유의 경우 가격이 2022년

2] "잘나가던 배달앱, 주문량 급감에 수익악화 '전전긍긍'" (스트레이트뉴스, 2022년 7월 25일)

8월 기준 1년새 56%, 밀가루는 36%가 넘게 올랐으며 한때 일부 마트에서는 1인당 식용유 구매 수를 제한하기도 했습니다.[3] 또한 우크라이나와 러시아 간 전쟁으로 일부 해산물은 웃돈을 주고도 구하기가 힘든 상황이 됐습니다.

인플레이션은 이런 식자재 외에도 배달앱 이용 수수료와 배달 대행비 등 부수적인 금액의 인상을 야기했습니다. 배달의민족, 요기요, 쿠팡이츠는 직원들의 이직을 방지하고자 인건비를 인상하고 있으며 이는 결국 소비자와 배달음식점의 부담으로 돌아오게 될 것입니다. 더불어 배달 대행사도 배달 라이더의 높아진 인건비를 맞춰주기 위해 배달 대행비를 인상할 수밖에 없을 것입니다.

제가 늘 안타깝게 생각하는 것이 바로 이 부분입니다. 음식 배달 시장의 주역은 배달앱과 대행사가 아닌 배달음식점입니다. 하지만 이렇게 조금이라도 상황이 나빠지면 모든 부담은 배달음식점으로 전가되며 결국 배달음식점은 이런 부담을 감내하거나 그 부담을 고객에게 전가하다 외면받는 현상이 발생합니다. 수요와 공급의 법칙으로 볼 때 배달음식점의 공급이 많기 때문에 어쩔 수 없이 벌어지는 현실입니다.

3] "식용유·밀가루 불똥…우크라 발 물가 전쟁 장기화" (채널A, 2022년 8월 23일)

고객의 수요가 감소하는 것도 좋지 않은 대외적인 환경입니다. 앞서 언급했던 대로 배달앱에 대한 수요는 점차 감소하고 있으며 '보복 소비'라는 말로 사람들은 외부 소비를 즐기고 있습니다. 그리고 당분간은 이런 현상이 지속될 것입니다.

특히 사회적 거리 두기가 해제된 2022년 4월은 배달음식점의 전통적인 비수기에 해당됩니다. 메뉴나 지역, 가격대에 따라 조금씩 다를 수는 있지만 3~6월은 배달음식점의 전통적인 비수기입니다. 그리고 그 수요는 날씨가 무더워지는 7월 중순 이후가 돼서야 돌아옵니다.

이처럼 보통은 7월 중순 이후 배달 주문이 늘어날 것으로 기대할 수 있지만 보복 소비가 지속적으로 이어져 누군가는 해외여행을 가고 누군가는 장기간 캠핑을 하는 등의 원인으로 배달 수요는 회복되지 못할 수도 있습니다. 이는 음식 배달시장에 결코 좋은 여건이 아닙니다.

마지막으로 고객의 싸늘한 시선도 문제입니다. 제 블로그에서 음식 배달시장과 관련된 여러 가지 예측을 했는데, 그중 유일하게 빗나간 부분이 바로 고객들의 '배달비에 대한 인식'입니다. 저는 고객들의 배달앱 사용 빈도가 늘어남에 따라 배달비 역시 고객들이 감내할 것이라고 예상했습니다. 그러나 최근 조사 결과에 따르면 고객

들의 배달비에 대한 저항은 점차 커지고 있습니다.[4]

　배달비뿐만이 아닙니다. 고객들은 현재 배달음식점의 주문이 줄어들고 있다는 것을 매스컴을 통해 확인하고 있습니다. 코로나19로 인해 배달 주문이 밀리던 시기에는 배달이 조금 늦는 것에 대해 이해하고 넘어갈 수 있었지만 이제는 배달이 조금이라도 늦는 것에 불편함을 표현합니다. 코로나19가 유행하던 시기에 비해 배달 주문이 줄었기 때문에 배달음식점보다 고객이 우위에 있음을 알고 있는 것입니다.

　이런 요인들로 인해 최근 배달음식점 창업을 고민하는 예비 창업자들에게 저는 창업을 최대한 지양할 것을 권하고 있습니다. 예비 창업자는 창업을 하지 않으면 금전적인 손해가 발생하지 않지만 문제는 현재 음식점을 운영 중인 사장님들입니다. 이미 창업했기 때문에 물릴 수도 없고 누군가에게 가게를 넘기기도 쉽지 않습니다. 그럼 어떻게 해야 할까요?

　다음 소단원에서는 현재 배달음식점을 운영 중인 사장님들이 현실적으로 받아들여야 할 부분에 대해 이야기하겠습니다.

4] ""배달비 얼마가 적당한가요?" 뿔난 소비자 '부글부글'…앱 이용자도 감소" (아시아경제, 2022년 6월 12일)

02

배달음식점의 공통된 문제점

    학창 시절 정말 열심히 공부하던 친구가 있었습니다. 하지만 성적이 늘 좋았던 것은 아닙니다. 하루도 쉬지 않고 훈련에 매진하던 야구 선수가 있었습니다. 하지만 기록이 늘 좋았던 것은 아닙니다. 왜 이런 결과가 나타날까요? 열심히 노력했지만 그 노력의 방향이 틀렸기 때문입니다. 노력을 하는 것도 중요하지만 방향이 틀렸다면 그 노력은 헛된 것이 될 수밖에 없습니다.

    저는 배달음식점 전문 컨설턴트로서 배달음식점을 운영하는 사장님들을 수없이 만났고 본인이 생각하는 '장사가 되지 않는 이유'에 대해 질문했습니다. 그 질문에 대부분의 사장님들은 이렇게 대답했습니다.

"경기가 안 좋아서 사람들이 소비를 안 하는 것 같아요."

"최근 생긴 경쟁사 때문인 것 같아요."

"깃발(울트라콜)이 적은 게 아닐까요?"

"메뉴가 좀 적은 것 같아요."

과연 이 사장님들은 장사가 되지 않는 이유에 대해 제대로 파악한 것일까요? [도표 1-1]을 보고 이야기해보겠습니다.

[도표 1-1] **A가게의 배달의민족 통계자료**

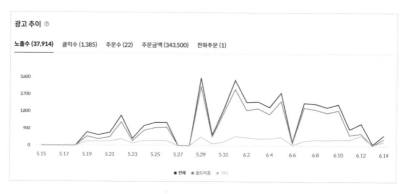

출처 : 배달의민족

[도표 1-1]은 제가 최근에 컨설팅을 진행했던 A가게의 배달의민족에서 제공하는 통계자료이고 이것을 표로 정리한 것이 [도표 1-2]입니다. 자료에 따르면 약 1개월 동안 배달앱에서 A가게가 고

객에게 노출된 노출 수는 37,914건, 고객이 A가게를 클릭한 클릭 수는 1,385건, 고객이 A가게에서 주문한 주문 수는 22건으로 나타납니다. 실제로는 21일 정도 영업했으므로 일평균 노출 수는 1,805건, 클릭 수는 66건, 주문 수는 1건 정도입니다.

[도표 1-2] A가게의 배달의민족 통계자료 주요 지표

구분	노출 수	클릭 수	주문 수
전체 기간(21일)	37,914	1,385	22
일평균	1,805	66	1

이 수치를 보면 문제점은 명확해집니다. 현재 배달음식점을 운영 중이고 배달의민족을 사용하는 사장님이라면 문제점을 집어보기 전 배달의민족에서 제공하는 통계자료를 확인하면 도움이 될 수 있습니다. 자료는 배달의민족 사장님광장 홈페이지의 '사장님광장 > 배민 셀프서비스 > 통계'에서 확인할 수 있습니다.

통계자료로 본 A가게의 문제점은 다음과 같습니다.

1. 울트라콜 수에 비해 노출 수가 적다.
2. 신규 음식점임에도 클릭률이 저조하다.
3. 주문으로 이어지는 주문전환율이 현저하게 낮다.

1. 울트라콜 수에 비해 노출 수가 적다

지역, 업종, 메뉴, 가격대에 따라 '울트라콜[5]' 노출 수는 다를 수밖에 없지만 통상적으로 울트라콜 1개의 일평균 노출 수는 300~500회 정도입니다. 하지만 A가게의 경우 울트라콜의 일평균 노출 수가 300회가 되지 않으며 여기에는 3가지 이유가 있습니다.

첫 번째는 주거인구가 현저히 적은 곳에 창업해서, 두 번째는 해당 지역과 메뉴·가격대가 맞지 않아서, 세 번째는 울트라콜 위치가 잘못됐을 수 있습니다. 이런 원인은 지역과 인구의 특성 및 성수기와 비수기 여부 등을 따져서 판단해야 하지만 전체적으로 노출 수가 적은 것은 분명한 사실입니다.

2. 신규 음식점임에도 클릭률이 저조하다

클릭률이란 노출 수 대비 클릭 수를 말하며 노출 수가 100이고 클릭 수가 10이라면 클릭률은 10%가 됩니다. 차후 3장에서 클릭률에 대해 자세히 이야기하겠지만 배달의민족 입점 3개월까지는 [도표 1-3]에서 보이는 '신규' 마크 덕분에 클릭률이 높게 나오는 경향이 있습니다.

5] 울트라콜은 배달의민족에서 제공하는 기본 광고로, 원하는 지역에 가게를 노출시킬 수 있는 전략적인 광고이며 가격은 개당 월 88,000원(부가세 포함)입니다. 자세한 내용은 184쪽에서 설명했습니다.

[도표 1-3] 고객의 클릭을 유도하는 '신규' 마크

출처 : 배달의민족

또한 [도표 1-3]에서 보듯이 고객이 배달앱을 통해 주문할 때는 여러 가게 중 한 곳을 클릭하게 됩니다. 이런 고객의 클릭을 유도하기 위해서는 특별함이 있어야 하며 그 특별함을 나타내는 것 중 하나가 신규 마크입니다.

통상적으로 월평균 클릭률은 3~5% 수준이며 신규 마크가 붙었을 경우 클릭률이 1~2% 정도 올라가는 효과가 있습니다. 그렇다면 A가게의 현재 클릭률은 4~7% 정도가 돼야 하지만 3.6%클릭률(≒1,385

클릭 수/37,914노출 수)로 저조한 편입니다. 이는 클릭을 유도하는 장치가 부족했기 때문입니다.

3. 주문으로 이어지는 주문전환율이 현저하게 낮다

가장 심각한 문제는 주문전환율입니다. 주문전환율은 클릭 수 대비 주문 수를 말하며 클릭 수가 100이고 주문 수가 10이라면 주문전환율은 10%가 됩니다. 주문전환율 역시도 지역, 업종, 메뉴, 가격대에 따라 조금씩 다르기는 하지만 주문을 받기 위한 배달앱이 최적화됐을 때는 월평균 10~15% 정도가 나옵니다. 하지만 현재 A가게의 주문전환율은 1.6%주문전환율(≒22주문 수/37,914클릭 수)로 매우 낮은 수준입니다.

결론적으로 A가게는 배달의민족에서 제공하는 3가지 지표인 노출 수, 클릭 수, 주문 수 모두에 문제점을 갖고 있습니다. 그리고 이런 문제점은 앞서 배달음식점 사장님들이 '장사가 되지 않는 이유'로 꼽았던 경기, 경쟁사, 울트라콜 수, 메뉴 수에 대한 것이 아니라 본인 가게의 경쟁력에 대한 것입니다.

과거에 비해 노출 수가 반으로 줄었음에도 본인 가게의 클릭률이 5%가 넘고 주문전환율이 15%가 넘는다면 이것은 경기나 경쟁사의 문제일 수 있습니다. 또한 울트라콜 수를 추가했음에도 클릭률이

5%가 넘고 주문전환율이 15%가 넘는다면 울트라콜이 부족한 것도 맞습니다. 과거보다 메뉴 수를 늘렸음에도 클릭률이 5%가 넘고 주문전환율이 15%가 넘는다면 메뉴가 부족한 것일 수도 있습니다.

하지만 제가 만나본 배달음식점 사장님들의 99%는 클릭률이 5%보다 낮았으며 주문전환율이 10%가 채 되지 않았습니다. 심지어 사장님 10명 중 5명은 주문전환율이 3%도 되지 않았습니다. 이것은 명백하게 본인 가게의 경쟁력이 부족한 것이 원인입니다.

본인 가게의 경쟁력을 올리는 방법에 대해 그 누구도 사장님들에게 알려주지 않았을 것이고 이런 사실을 모르는 사장님들은 엉뚱한 요소를 탓하게 됩니다. 아무리 열심히 해도 성과가 나지 않는 학생과 야구 선수처럼 헛된 노력을 하고 있는 것입니다.

저와 컨설팅을 끝마친 사장님들의 공통된 반응은 다음과 같았습니다.

"이런 방향으로는 생각해본 적이 없었습니다.
정말 개선해야 할 부분이 많네요."

앞으로 제가 본 책에서 이야기하는 내용은 배달음식점 사장님들이 지금까지 듣지도 보지도 못했을 내용일 가능성이 높습니다. 이토록 체계적으로 정리해 그 이유까지 알려주는 사람은 없었을 것이기 때문입니다. 그리고 그 방향에 맞게 노력한다면 분명 매출 향상이라는 목표를 달성할 수 있을 것입니다.

저는 제 글을 읽는 모든 분들의 매출을 올려드릴 수 있습니다. 단, 사장님의 노력이 전제돼야 합니다. 공부를 잘하고 싶다면 인터넷 강의도 봐야 하지만 스스로 문제를 풀어봐야 합니다. 손흥민처럼 축구를 잘하고 싶다면 손흥민 영상도 봐야 하지만 직접 공을 차봐야 합니다. 제가 아무리 사장님들에게 도움이 되는 조언을 해도 실행하지 않으면 변화는 절대 없습니다.

03

배달음식점의 기본 개념 3가지

배달음식점을 운영하는 것은 결코 쉬운 일이 아닙니다. 특히 홀매장 운영 경험이 있는 사장님일수록 배달음식점 운영에 더욱 어려움을 겪는 경우를 자주 봅니다. 그 이유는 경쟁사나 고객같이 눈에 직접 보이지 않는 부분에 대한 것도 있지만 가장 중요한 이유는 배달음식점 '업業'의 개념이 홀매장과는 분명 다른데, 이를 인지하지 못하기 때문입니다.

업의 사전적 뜻은 "생계를 유지하기 위하여 자신의 적성과 능력에 따라 일정한 기간 동안 계속하여 종사하는 일"입니다. 삼성그룹의 고 이건희 회장은 시계는 패션 산업, 백화점은 부동산업, 반도체는 시간에서 승패가 나는 산업이라고 정의했습니다. 만약 어떤 사람이 시계가 패션 산업이 아닌 원래의 용도인 '시간을 보는 데 사용되는 제품을 만드는 산업'이라고 업의 정의를 내리고 디자인은 무시한 채 다른 업체보다 1초라도 더 정확한 시간을 맞추는 데 노력했다면 과연 이 시계는 잘 팔렸을까요?

배달음식점도 마찬가지입니다. 배달음식점을 잘 운영하기 위해서는 배달음식점의 업에 대한 개념 정리가 최우선입니다. 업의 개념에 대해 정확히 이해해야 배달앱과 대행사 같은 배달음식점을 둘러싼 환경이 수시로 바뀌더라도 대응이 가능합니다. 그리고 실제로 배달음식점에서 발생하는 문제의 70~80%는 업의 기본 개념만 제대로 이해해도 해결될 문제들입니다. 이번 기회에 배달음식점 업의 개념에 대해 정확히 이해하길 바랍니다.

┃ 배달음식점의 기본 개념 1

배달음식점은 온라인 쇼핑몰과 같다.

이 개념은 배달음식점을 운영하는 데 있어 가장 중요한 개념입니다. 대부분은 이 개념을 모르기 때문에 배달음식점 운영에 실패합니다.

신발을 구매한다고 가정해보겠습니다. 먼저 매장을 직접 방문해서 구매하는 경우입니다. 매장에 진열된 신발 종류는 한정적이며 점원에게 신발을 추천받거나 궁금한 점을 물어보고 구매를 합니다. 필요한 정보는 점원을 통해 획득했기 때문에 대부분은 방문한 매장에서 구매할 것입니다.

온라인 쇼핑이라면 어떨까요? 먼저 포털사이트에서 '신발'이라는 단어로 검색을 합니다. 검색되는 신발의 종류는 매우 많으며 상세 페이지를 보거나 다른 구매자들의 리뷰 등을 참고한 뒤 특정 사이트에서 신발을 구매합니다. 만약 본인이 필요로 하는 정보가 상세 페이지에 없거나 다른 구매자들의 리뷰가 좋지 않다면 이 신발의 구매를 포기하고 다른 사이트에서 다른 신발을 찾아 구매할 것입니다.

이렇게 매장과 온라인에서 신발을 쇼핑하는 과정을 홀매장과 배달앱의 배달음식점에서 음식을 주문하는 과정과 비교해보겠습니다.

라면을 먹는다고 가정해보겠습니다. 먼저 홀매장을 직접 방문해서 먹는 경우입니다. 홀매장의 메뉴는 한정적이며 점원에게 인기 좋은 라면을 추천받거나 라면 맵기에 대해 물어보고 주문을 합니다.

배달음식점이라면 어떨까요? 배달앱에서 수많은 라면 가게들 중 하나를 선택합니다. 상세 페이지를 보고 매력을 느꼈다면 다른 고객들의 리뷰를 보고 이 음식점의 맛을 유추한 뒤 주문을 하려고 합니다. 하지만 본인이 중요하게 생각하는 맵기에 대한 정보가 없으면 해당 가게로 전화해서 물어보지 않고 다른 라면 가게를 찾습니다.

온라인 쇼핑몰과 배달앱에서 배달음식점을 이용하는 고객은 공간을 이동하는 수고 없이 여러 제품과 가게를 비교할 수 있으며 리뷰를 통해 그 제품과 가게를 평가하고 필요한 정보가 없으면 구매와 주문을 포기하는 행위가 놀라울 정도로 일치합니다.

온라인 쇼핑몰과 배달앱의 배달음식점이 동일한 개념이라는 것은 수치를 해석하면 더 쉽게 이해할 수 있습니다. 앞서 배달의민족에서 제공하는 노출 수, 클릭 수, 주문 수에 대해 이야기했습니다.

먼저 홀매장을 기준으로 설명해보겠습니다. 홀매장의 노출 수는 본인 가게 앞을 지나다니는 사람 수라고 생각하면 됩니다. 노출 수를 늘리고자 높은 권리금이나 월세를 내고 목이 좋은 곳에 창업하려고 합니다. 홀매장의 클릭 수는 본인 가게에 들어온 사람 수이며 홀매장의 주문 수는 본인 가게에 들어와서 주문한 사람 수입니다.

홀매장의 클릭률, 즉 지나다니는 사람 수 대비 얼마나 많은 사람이 본인 가게에 들어왔는지는 직접 세어보지 않는 한 확인하기가 힘듭니다. 하지만 홀매장에 들어온 사람 수 대비 주문하는 비율을 의미하는 주문전환율은 거의 100%에 가깝습니다. 특별한 이유가 아닌 이상 어떤 음식점에 들어가서 주문을 하지 않고 나오는 경우는 없기 때문입니다. 그래서 홀매장의 경우 사람들을 가게에 들어오게 만드는 것이 장사의 핵심입니다.

배달음식점은 어떨까요? 배달음식점의 노출 수는 배달앱에서 본인 가게가 고객에게 노출되는 수입니다. 노출 수를 늘리고자 울트라 콜 수를 늘리는 등 여러 광고 프로그램을 신청합니다. 배달음식점의 클릭 수는 배달앱에서 본인 가게를 클릭한 사람 수이며 배달음식점의 주문 수는 배달앱에서 본인 가게를 클릭하고 주문으로 이어진 사람 수입니다.

지역, 업종, 메뉴, 가격대에 따라 다를 수 있지만 배달음식점의 클릭률은 대체적으로 3~5% 정도입니다. 앞서 말한 대로 홀매장의 클릭률은 확인하기가 힘들기 때문에 절대적인 비교는 어렵습니다. 또한 지역, 업종, 메뉴, 가격대에 따라 다를 수 있지만 배달음식점의 주문전환율은 대체적으로 10~15% 정도입니다. 홀매장의 주문전환율은 거의 100%인 데 반해, 배달음식점의 주문전환율은 홀매장에 비해 현저히 낮은 것을 알 수 있습니다.

그 이유는 앞서 말한 대로 온라인 쇼핑몰과 배달앱에서 배달음식점을 이용하는 고객은 공간을 이동하는 수고 없이 여러 제품과 가게를 비교할 수 있으며 리뷰를 통해 그 제품과 가게를 평가하고 필요한 정보가 없으면 구매와 주문을 포기하기 때문입니다.

결국 홀매장은 고객을 가게로 들어오게 하는 것(클릭)이 장사의 목표라면 배달음식점은 배달앱을 통해 고객이 들어오게 해야(클릭) 하고 들어온 고객에게 필요한 정보를 제공함으로써 구매하게 해야(주문) 합니다. 그리고 이렇게 배달앱에서 고객이 클릭을 하고 주문을 하도록 장치를 만드는 것을 저는 '배달앱 최적화'라고 말합니다. 배달앱 최적화가 됐을 때 클릭율은 3~5% 이상, 주문전환율은 10~15% 이상이 될 수 있습니다.

｜배달음식점의 기본 개념 2

배달음식점은 모든 것을 숫자로 분석한다.

배달음식점은 모든 것을 숫자로 분석해야 하는 첫 번째 이유는 낮은 마진율 때문입니다.

배달음식점 운영이 어려운 이유 중 하나는 낮은 마진율입니다. 배달음식점을 창업하는 사장님들의 대부분은 낮은 창업 비용에 메리트를 느끼고 창업을 합니다. 그런데 낮은 마진율은 실제 창업을 해야만 보이는 부분입니다. 배달음식점은 홀매장에 비해 마진율이 낮을 수밖에 없으며 그 이유는 배달앱 수수료, 배달 대행비, 포장 용기비 등이 추가로 발생하기 때문입니다. 그리고 이 3가지 비용은 점차 상승하고 있어 배달음식점을 운영하는 사장님들에게 어려움을 안겨주고 있습니다.

문제는 이런 상황임에도 불구하고 사장님들이 원가계산을 전혀

하지 않는다는 것입니다. 일부 사장님들은 "많이 판 것 같은데 월말만 되면 통장에 잔고가 없다"라고 말하기도 하는데, 이는 모두 숫자가 아닌 감으로 장사를 해왔기 때문입니다.

[도표 1-4] 요기요 '요타임딜' 예시

출처 : 요기요

[도표 1-4]는 요기요의 '요타임딜'이라는 광고 프로그램입니다.

고객이 요기요 앱의 특정 음식 카테고리에 들어가면 [도표 1-4]와 같은 화면이 떠서 15분 안에 주문하면 할인을 제공하는 프로그램입니다. 고객 입장에서는 금액적인 할인이 크기 때문에 요타임딜에서 주문을 선택하는 경우가 꽤 많습니다.

하지만 배달음식점 사장님 입장에서 본다면 어떨까요? 요기요의 기본 수수료는 주문 금액의 12.5%이며 요타임딜 수수료는 6%입니다. 또한 할인되는 금액은 모두 사장님 부담입니다. 여기에 부가세도 사장님 부담입니다.

고객이 요기요에서 30,000원어치 음식을 주문했고 고객이 부담하는 배달비가 2,000원이며 배달 대행비 3,500원, 요타임딜 할인 가격 7,000원이 지출된 경우를 살펴보겠습니다.

배달앱 수수료	30,000원 × 18.5%_{12.5% + 6%} + 7,000원 = 12,550원

배달앱 수수료 　　30,000원 × 18.5%(12.5% + 6%) + 7,000원 = 12,550원

결제 수수료 　　30,000원 × 3% = 900원

부가세 　　(12,550원 + 900원) × 10% = 1,345원

입금 금액 　　(30,000원(주문 금액) + 2,000원(고객 배달비)) - 3,500원(배달 대행비)
　　　　　　- 12,550원(배달앱 수수료) - 900원(결제 수수료) - 1,345원(부가세)
　　　　　　= 13,705원

주문 금액 30,000원의 약 45.6%에 해당하는 13,705원이 입금됨을 알 수 있습니다. 과연 45.6%의 원가로 재료비, 인건비, 전기세

같은 공과금 등을 모두 감당할 수 있을까요? 실제 가능한 음식점은 몇 군데 없을 것입니다.

문제는 사장님들이 광고 프로그램 이용 시 매출을 숫자로 분석해보지 않기 때문에 이런 사실을 전혀 모르고 있으며 배달앱 매니저의 추천으로 광고 프로그램에 가입한다는 사실입니다. 실제로 지역을 옮겨다니며 요기요에 접속해보면 웬만한 곳은 요타임딜이 다 뜹니다. 숫자로 분석해보지 않고 절대 하지 말아야 할 광고를 가입하니 통장에 잔고가 없을 수밖에 없습니다.

배달음식점은 모든 것을 숫자로 분석해야 하는 두 번째 이유는 문제점을 발견하기 위함입니다.

21쪽에서 A가게의 노출 수, 클릭 수, 주문 수를 기반으로 클릭률과 주문전환율에 대해 이야기했고 A가게의 문제점에 대해서도 이야기했습니다. 이는 데이터가 있었기에 가능한 일이며 데이터를 보지 않는다면 본인 가게에 어떤 문제점이 있는지 발견하기 어려우며 문제점을 발견해도 수정하기가 어렵습니다.

B가게에서 활용 중인 2가지 울트라콜 성과가 [도표 1-5]와 같다고 가정해보겠습니다.

[도표 1-5] **B가게의 울트라콜 성과 예시**

구분	노출 수	클릭 수	주문 수
울트라콜 1	10,000	500	50
울트라콜 2	10,000	500	20

울트라콜 1, 2의 노출 수와 클릭 수는 동일합니다. 하지만 주문 수는 울트라콜 1이 50, 울트라콜 2는 20으로 차이가 납니다. 노출 수와 클릭 수는 동일한데, 주문 수에 차이가 나는 이유는 무엇일까요?

울트라콜 1, 2를 어떤 곳에 배치했는지 세밀하게 분석해야 더 주요한 내용을 확인할 수 있지만 [도표 1-5]의 지표로만 본다면 '울트라콜 1, 2 지역 모두 고객들이 우리 가게 메뉴에는 관심을 갖고 있지만 울트라콜 1 지역에 비해 울트라콜 2 지역은 가격대나 구성에 만족하지 못하기 때문에 주문율이 떨어진다'라고 해석할 수 있습니다. 그렇다면 차후 울트라콜 2는 울트라콜 1과 비슷한 특징을 가진 곳으로 옮겨줄 수도 있을 것입니다.

본인 가게의 문제점을 파악해 개선할 수 있고 울트라콜 위치를 잡는 데도 도움이 되는 것이 바로 배달의민족에서 제공하는 데이터입니다. 데이터가 없었다면 이런 분석을 할 수 없었을 것입니다. 본 책의 거의 모든 내용을 배달의민족을 기준으로 설명하는 이유도 배달의민족만이 배달음식점 매출 분석에 중요한 지표인 노출 수, 클릭 수, 주문 수를 제공하기 때문입니다.

┃ 배달음식점의 기본 개념 3

배달음식점은 성수기와 비수기가 존재한다.

모든 책임을 홀로 져야 하고 직장인에 비해 더 많은 시간을 투자하는 만큼 더 많은 돈을 벌고 싶은 것은 자영업자의 당연한 마음입니다. 리스크가 있는 만큼 보상도 클 수 있기 때문에 직장인같이 늘 일정한 수입이 생기기는 어려운 일입니다. 그럼에도 불구하고 일부 사장님들은 직장인같이 늘 일정한 수입이 생기길 바라는 마음을 갖고 있습니다.

사장님들에게 목표 매출을 물어보면 대부분은 다음과 같이 대답합니다.

"월 3천만 원을 팔면 좋겠어요."
"월 1천만 원의 순수익이 생기면 좋겠습니다."

배달음식점을 운영하면서 이런 생각을 갖는 것은 몹시 위험합니다. 그 이유는 배달음식점은 명백하게 성수기와 비수기가 존재하기 때문입니다. 지난 2020~2021년 동안에는 코로나19로 인해 전통적인 성수기와 비수기 영향보다는 정부의 방역 지침에 따라 배달 주문이 늘었다 줄었다 했습니다. 하지만 코로나19가 엔데믹이 되는 시점부터 배달음식점의 전통적인 성수기와 비수기가 재현되고 있습니다.

배달음식점의 성수기는 춥거나 덥거나 눈 또는 비가 오는 등 사람들이 외출하기 싫을 때라고 생각하면 됩니다. 1년 중 1~2월, 7~8월, 11~12월 등이 해당된다고 볼 수 있습니다. 배달음식점의 비수기는 사람들이 외출에 대한 욕구가 강할 때입니다. 성수기를 제외한 3~6월, 9~10월 등이 해당된다고 볼 수 있습니다. 물론 냉면 같은 음식은 5~9월이 성수기이니 이 역시 지역, 업종, 메뉴, 가격대에 따라 조금은 다를 수 있습니다.

배달음식점이 성수기와 비수기를 구분해야 하는 가장 큰 이유는 그때마다 영업 전략이 달라져야 하기 때문입니다. 자영업으로 돈을 벌기 위해서는 수입을 늘리거나 지출을 줄여야 합니다. 성수기에는 수입을 늘리는 방법으로, 비수기에는 지출을 줄이는 방법으로 전략을 짜는 것입니다.

예를 들어 동태탕 배달 전문점이 있다고 가정해보겠습니다. 찬바람이 불어오는 10~2월 정도가 최고 성수기이며 7~8월에도 일부 수요가 있을 것입니다. 그리고 이외의 나머지 기간은 비수기라고 예측할 수 있습니다.

그렇다면 최고 성수기인 10~2월에는 울트라콜 수도 늘리고, '우리가게클릭[6]' 같은 광고도 가입하며, 전단지 배포와 아르바이트 직원 채용 등 매출을 늘릴 계획을 세우고 늘어난 매출에 대응할 방법도 미리 생각해야 합니다. 이후 비수기가 되면 울트라콜 수도 줄이고, 우리가게클릭 광고도 해지하며, 전단지 배포와 아르바이트 직원 채용을 종료하는 등 지출을 줄일 계획을 세우고 대응해야 합니다.

하지만 대부분의 배달음식점 사장님들은 이런 성수기와 비수기 전략을 반대로 적용하고 있으며 그 이유는 고정적인 수입을 희망하기 때문입니다. 성수기가 되면 사장님이 만족할 만한 매출이 발생하기 때문에 울트라콜을 늘리지 않고 우리가게클릭 광고에 가입하거나 전단지를 배포할 생각을 하지 않습니다. 반대로 비수기가 되면 만족할 만한 매출이 발생하지 않기 때문에 울트라콜을 늘리고 우리가게클릭 광고에 가입하거나 전단지를 배포합니다. 이 모든 것은 성수기와 비수기를 구분하지 않고 월 목표 매출을 동일하게 잡은 결과입니다.

---

6) 배달의민족의 우리가게클릭은 2022년 6월부터 적용된 광고로, 오픈리스트 가게 중 가장 첫 번째로 노출되며 클릭할 때마다 광고비가 차감되는 형태입니다. 자세한 내용은 84쪽에서 설명했습니다.

똑같은 광고 금액을 성수기에 집행하면 더 높은 효과가 날 수 있지만 효과가 날 수 없는 비수기에 광고 금액을 집행하는 것입니다. 쉽게 말해 100명이 모여 사는 마을에 날씨가 추워서 아무도 외부 활동을 하지 않고 집에서 배달앱만 보고 있을 때는 일정 수준의 매출이 발생하기에 광고를 늘리지 않습니다. 그러다 날씨가 좋아져 50명은 산이나 바다로 외부 활동을 떠나 배달앱과 무관한 지역에 있을 때 매출 감소의 이유로 광고를 늘리니 결코 효과가 좋을 리 없습니다.

이른 아침 지하철역 입구에서 횟집 전단지를 돌리는 것과 김치찌개 가게 전단지를 돌리는 것 중 어느 것이 더 효과가 있을까요? 한여름 회사 앞에서 육개장 가게 전단지를 돌리는 것과 냉면 가게 전단지를 돌리는 것 중 어느 것이 더 효과가 있을까요?

생각을 해보면 당연한 것이지만 사장님들은 반대로 하고 있습니다. 그것은 앞서 말한 사장님들의 월 목표 매출이나 순수익이 1년 내내 동일하기 때문입니다. 그리고 이런 생각을 방지하기 위해서라도 배달음식점은 성수기와 비수기가 존재함을 명심해야 합니다.

"월 3천만 원을 팔면 좋겠어요"라는 말은 '성수기에는 월 4천만 원을 팔고 비수기에는 월 2천만 원을 팔아서 올해는 월평균 3천만 원을 팔면 좋겠다'라고 수정하는 것이 맞고, "월 1천만 원의 순이익이 생기면 좋겠습니다"라는 말은 '성수기에는 월 1,500만 원, 비수기에는 월 500만 원의 순수익으로 올해는 월평균 1천만 원의 순이익이 생기면 좋겠다'라고 수정해야 합니다.

배달음식점이 성수기와 비수기를 구분해야 하는 가장 큰 이유는 매출이나 지출의 큰 가이드라인이 되기 때문입니다. 그 큰 틀에서 광고비 등을 집행해야 안정적인 운영이 가능합니다.

마지막으로 '대한항공'의 예를 들어보겠습니다. 코로나19 시기 대한항공의 매스컴 광고를 본 적 있나요? 아마 없을 것입니다. 그렇다면 대한항공은 돈이 없어서 광고를 하지 않았을까요? 아닙니다. 대한항공은 코로나19 시기에도 깜짝 실적을 발표하기도 했습니다. 대한항공이 광고를 하지 않은 이유는 돈이 없어서가 아니라 그 시기에 광고를 하더라도 수요가 없음을 알고 있었던 것입니다.

마찬가지로 울트라콜이 산이나 바다로 간 고객을 집으로 데리고 올 수 있다면 비수기에도 울트라콜을 추가해 고객에게 노출시켜야 합니다. 하지만 울트라콜은 그 역할을 하지 못하며 그 어떤 광고도 비수기에는 그 역할을 해줄 수 없습니다. 이 점을 명심했으면 합니다.

앞서 말한 3가지 개념은 배달음식점 업에 대한 것입니다. 이 3가지 개념을 정확히 이해하고 있다면 음식 배달시장을 둘러싼 환경이 변하더라도 대응할 수 있습니다. 여러 번 반복해서 읽어보고 반드시 이해했으면 합니다.

배달음식점의 4대 핵심 요소

음식점과 관련된 책을 한 번이라도 읽어본 사람은 알겠지만 음식점의 3대 핵심 요소는 맛, 청결, 서비스입니다. 어느 책에서도 이 3가지 기본을 무시하고 성공한 사례를 찾아보기 어렵습니다. 판매 방식은 다르지만 배달음식점도 기본적으로 음식점이기 때문에 맛, 청결, 서비스는 핵심 요소입니다. 그리고 배달음식점만의 특별한 요소인 배달 속도까지 포함한 4가지를 배달음식점의 4대 핵심 요소로 꼽을 수 있습니다.

우선 맛에 대해 이야기해보겠습니다. 매출을 올리는 방법은 크게 2가지로 나눌 수 있습니다. 많은 사람에게 한 번씩 판매하는 방식과 한 사람에게 여러 번 판매하는 방식입니다.

많은 사람에게 한 번씩 판매하는 방식은 주로 관광지나 번화가에서 많이 하는 장사 방식입니다. 예를 들어 제주도 성산 일출봉 앞에서 파스타를 판매한다고 가정해보겠습니다. 성산 일출봉은 세계적인 관광지이기 때문에 관광객 대상 장사가 중요하며 그것은 맛보다는 마케팅의 영역입니다. 블로그나 '인스타그램' 등으로 홍보해 한국인 관광객이 방문할 수 있도록 하고 영어, 중국어, 일본어 등으로도 홍보해 외국인 관광객도 유치하도록 할 것입니다.

그렇다면 맛은 중요할까요? 맛이 있으면 좋겠지만 크게 중요한 요소는 아닙니다. 우리가 관광지를 방문할 때 '남한산성 맛집', '수원 맛집' 등으로 온라인에서 검색해 방문했지만 맛은 그다지 인상적이지 못했던 경우가 많을 것입니다. 이런 가게들은 이미 블로그 체험단이나 호의적인 리뷰 작성 시 보상을 하는 등 마케팅 요소를 곳곳에 배치해 많은 사람에게 한 번씩 판매하는 방식을 취하고 있습니다.

마찬가지로 배달음식점도 이렇게 맛보다는 마케팅에 힘을 쏟으면 될까요? 제가 장담하건대 배달음식점이 그렇게 장사한다면 100% 실패할 수밖에 없습니다. 마케팅으로 고객 확장이 가능한 앞선 예시와 달리 배달음식점은 고객 확장이 불가능합니다. 본인 가게로부터 반경 3킬로미터 내외에 거주하거나 근무하는 사람들만이 본인 가게의 고객이 될 수 있습니다.

앞서 말한 다양한 마케팅 경로로 맛있는 배달음식점이라고 광고하더라도 서울에 사는 사람이 대구에 위치한 배달음식점에서 주문할 수는 없습니다. 결국 성산 일출봉 파스타 가게와 달리 배달음식점은 한 사람에게 여러 번 판매하는 방식을 택해야 하며 그 기본이 되는 것이 바로 맛입니다.

저는 해당 배달음식점의 여러 가지 요소를 검토한 뒤 컨설팅을 진행하는데, 그중 맛에 대한 정보를 가장 중요하게 생각합니다. 저는 음식 연구가가 아니기 때문에 사장님들의 음식을 맛있게 만들어 주지는 못합니다. 다만 사장님들이 맛있게 만들어놓은 음식을 잘 팔아주는 역할을 합니다. 그렇기 때문에 리뷰 등을 통해 최대한 맛을 검증하려고 하며 '맛이 없다'라는 피드백이 많을 경우 컨설팅 요청을 거절합니다. 한 번은 팔아줄 수 있지만 맛이 없으면 단골 고객으로 만들어 재주문을 유도할 수 없기 때문입니다.

맛은 배달음식점에서도 가장 중요한 요소입니다. 맛이 뒷받침되지 않으면 절대로 배달음식점으로 성공할 수 없습니다.

두 번째는 청결입니다. 배달음식점의 청결 문제는 주기적으로 나타나는 이슈입니다. 과거 배달받은 족발에서 쥐가 나오거나[7] 배달

7] "CCTV보니 환풍구서 쥐가 '툭'…'가장 맛있는 족발' 공식사과" (서울신문, 2020년 12월 10일)

받은 김밥을 먹고 식중독에 걸리는[8] 등의 이슈가 있었습니다. 또한 배달 음식을 주문할 때 고객들이 가장 꺼리는 요소 중 하나가 청결입니다. 이렇게 청결 문제는 사회적 이슈이자 고객들의 우려 대상인 반면, 안타깝게도 배달음식점 사장님들은 크게 신경 쓰지 않는 모습입니다.

고객들은 청결에 대해 예의 주시하고 있는데, 정작 사장님들은 신경을 쓰지 않습니다. 고객이 매장을 방문한다면 여러 요소를 통해 청결에 대한 부분을 직접 확인할 수 있지만 배달음식점은 사장님이 배달앱에서 청결에 대한 부분을 나타내지 않는 이상 고객은 이것을 확인할 수 없습니다. 이럴 경우 고객은 배달음식점으로 직접 전화해 청결에 대해 물어보지 않고 구매 자체를 포기하기도 합니다. 따라서 배달앱에는 본인 가게가 청결함을 보여줄 수 있는 내용이 꼭 포함돼야 합니다.

세 번째는 서비스입니다. 앞서 맛에 대해 이야기할 때 배달음식점은 필연적으로 한 사람에게 여러 번 판매하는 방식을 택해야 한다고 했으며 우리는 이런 고객을 단골 고객이라고 부릅니다. 그리고 다음 소단원에서 이야기하겠지만 이 단골 고객이 얼마나 많은지에

8] "마녀김밥 분당 정자·야탑점 집단 식중독 276명으로 늘어나" (경인일보, 2021년 8월 6일)

따라 배달음식점의 성패가 좌우되며 대부분의 사장님들도 이 사실을 알고 있습니다.

하지만 사장님들에게 단골 고객을 만들기 위해 어떤 노력을 하느냐고 물어보면 대부분은 대답하지 못합니다. 단골 고객을 만드는 것이 중요하다는 사실은 알고 있으나 신규 고객을 단골 고객으로 전환시키기 위해 어떤 노력을 해야 하는지 모르기 때문입니다.

고객의 입장에서 생각해보겠습니다. 배달앱을 통해 음식을 주문하거나 온라인 쇼핑몰을 통해 제품을 구매한 뒤 '여긴 정말 단골이 될 만한 곳이구나'라고 느꼈던 경험이 있나요? 그런 경험이 있었다면 어떤 이유로 인해 그렇게 느꼈나요?

저는 수많은 배달음식점 사장님들에게 이런 질문을 했고 특이한 점을 발견할 수 있었습니다. 사장님 본인이 배달앱을 사용한 뒤 특정 가게의 단골이 된 이유를 물었을 때 남성 사장님들의 80~90%는 맛과 가성비를 꼽았고 여성 사장님들의 80~90%는 기억에 남는 서비스를 꼽았습니다. 그리고 제 경험상 많은 경우 음식에 대한 만족도는 여성에 의해 좌우된다는 사실까지 인지한다면 배달음식점에서 단골 고객을 만들기 위해서는 서비스가 가장 중요한 요소임을 알 수 있습니다.

서비스에 대한 자세한 내용은 5장에서 소개할 것이니 지금은 서비스가 단골 고객을 만드는 데 가장 중요한 요소라는 점만 이해하면 됩니다.

네 번째는 배달 속도입니다. 배달 속도가 중요하다는 이야기는 수없이 들었을 것입니다. 하지만 배달 속도가 중요한 이유에 대해서는 생각해본 적 있나요? 선뜻 대답하기가 어려울 것입니다. 대부분의 배달음식점 사장님들이 고객의 입장이 아닌 사장의 입장에서 생각하기 때문입니다.

배달앱에 접속해 음식을 주문하는 고객은 어떤 상태일까요? 배가 고픈 상태일 가능성이 매우 높습니다. 배가 고픈 상태라는 것은 인간의 기본 욕구 중 하나인 '식욕'이 만족되지 못한 상태로, 꽤 많은 사람이 식욕이 만족되지 못할 때 예민한 태도를 보이거나 심지어 짜증을 내기도 합니다. 인간의 기본 욕구인 식욕이 만족되지 못한 상태에서 주문을 하기 때문에 배달 속도를 예민하게 받아들일 수밖에 없습니다.

예를 들어보겠습니다. 배달앱의 배달음식점과 온라인 쇼핑몰은 동일한 개념이라고 말했습니다. 제품의 차별성, 가격 등 이런 것들과 관계없이 배송 속도가 빨라서 온라인 쇼핑몰 분야에서 압도적으로 점유율을 확대한 곳이 있습니다. 바로 '쿠팡'입니다. 쿠팡에서 판매하는 제품은 '네이버', 'G마켓' 등 다른 온라인 쇼핑몰에서 판매하는 제품과 가격이나 성능 등의 면에서 크게 차이가 없습니다. 하지만 쿠팡은 어느 온라인 쇼핑몰보다 빠르게 점유율을 확대하고 있습니다. 그 이유는 무료 반품 같은 쿠팡 회원들에게만 제공되는 여러 혜택들 중에서도 '로켓배송'이라는 빠른 배송 시스템 때문입니다.

우리가 보통 쿠팡에서 구매하는 것은 생활에 꼭 필요한 치약, 세제, 휴지 같은 생필품이 많고 하루 이틀 없다고 생활에 큰 문제가 생기는 것들이 아닙니다. 그럼에도 불구하고 고객들은 배송되는 속도에 예민합니다. 하물며 배달앱으로 주문하는 음식은 인간의 기본 욕구인 식욕과 맞닿아있는 부분이니 배달 속도는 온라인 쇼핑몰의 배송 속도에 비해 더욱 중요할 수밖에 없습니다.

이 부분을 배달의민족, 요기요, 쿠팡이츠 같은 배달 플랫폼 회사들도 잘 알고 있기에 단건 배달을 통해 최대한 빠르게 배달하려고 하며 고객에게 배달 출발 알림을 보내는 등 고객으로 하여금 기다림이 짧게 느껴지도록 노력하는 것입니다.

배달음식점은 맛, 청결, 서비스, 배달 속도 그 무엇 하나도 뒤쳐져서는 안 되며 이 4가지가 조화롭게 고객에게 어필될 때 비로소 고객 만족도가 높아지고 단골 고객으로 전환될 수 있습니다.

05

매출이 높은 배달음식점의 유형

사람들마다 배달음식점을 운영하는 이유는 다양하겠지만 대부분의 경우 높은 매출을 통해 수익을 남기기 위함입니다. 그리고 이 방법을 알기 위해서는 매출이 높은 배달음식점들의 공통된 특징을 살펴볼 필요가 있습니다.

높은 매출을 올리는 배달음식점의 첫 번째 유형은 장사를 오래해서 잘되는 경우입니다.

배달앱 서비스는 10여년 전부터 존재했습니다. 일부 배달음식점은 배달앱 서비스 초창기부터 입점해 많은 찜과 리뷰, 단골 고객을 확보하고 있습니다. 이런 곳들은 그동안의 판매 건수와 고객 리뷰가 가장 확실한 보증수표가 되기 때문에 별다른 장치 없이도 높은 매출을 기록합니다. 우리가 온라인 쇼핑몰에서 제품을 구매할 때 판매 건수나 리뷰가 많은 곳에서는 큰 고민 없이 구매를 하는 것과 동일한 원리입니다.

그런데 이런 곳들은 배달앱 최적화가 돼있지 않는 경우가 많습니다. 이미 많은 고객들의 구매 경험이 있고 단골 고객으로 전환됐기 때문에 굳이 배달앱 최적화를 할 필요도 없습니다. 따라서 배달앱 최적화 관점에서 본다면 이런 곳들은 벤치마킹할 부분이 거의 없습니다.

그럼에도 불구하고 배달음식점을 운영하는 사장님이라면 이런 곳을 목표로 해야 합니다. 이런 곳들은 기본적인 매출이 발생하기 때문에 안정적인 운영이 가능하며 특정 이슈로 배달 수요가 감소하더라도 다른 곳에 비해 매출의 감소 폭이 작습니다. 따라서 배달음식점을 운영하는 사장님이라면 최종적으로 이런 배달음식점이 되는 것을 목표로 해야 합니다.

높은 매출을 올리는 배달음식점의 두 번째 유형은 유행을 타는 브랜드를 선택한 경우입니다.

누군가는 유행을 만들어내기도 하지만 아무나 할 수 있는 쉬운 작업은 아닙니다. 그렇기 때문에 유행을 만들기보다 유행을 따라가는 것이 현실적이라고 생각합니다.

음식 시장에도 주기적으로 새로운 브랜드가 나타나 유행을 선도합니다. 한때 줄서서 먹던 대왕 카스텔라, 핫도그, 로제 떡볶이 등은 특정 브랜드가 유명세를 타면서 전국적으로 해당 아이템의 프랜차이즈가 늘어난 경우입니다. 유행하는 브랜드 음식점을 창업하면 배달앱에 입점함과 동시에 주문이 물밀듯이 밀려드는 경험을 할 수 있습니다.

하지만 유행을 타는 아이템의 경우 순환 주기가 짧기 때문에 높은 매출이 계속 유지되기는 어렵습니다. 유행하는 브랜드 음식점을 창업한 사장님들은 이 순간이 영원하길 기대하겠지만 현실은 그렇지 않습니다. 한때 누구나 창업을 희망했고 억 단위의 권리금이 오가던 브랜드들도 시간이 지나 유행에서 멀어지면 급속하게 많은 매물이 나옵니다. 유행의 정점에서 권리금을 받고 매장을 넘긴 경우가 아니라면 과거와는 달라진 매출에 이러지도 저러지도 못하는 경우도 많습니다.

유행을 타는 브랜드나 메뉴, 아이템은 신중한 접근이 필요합니다. 순환 주기가 매우 짧기 때문에 창업 당시에는 매출이 높을 수 있지만 높은 매출이 지속적으로 유지되는 경우는 굉장히 드뭅니다.

높은 매출을 올리는 배달음식점의 세 번째 유형은 고객의 심리를 활용해 장사하는 경우입니다.

음식 배달시장에는 앞서 언급했던 많은 단골 고객을 보유한 곳과 현재 유행하는 브랜드로 장사하는 곳이 이미 입점해있습니다. 우리는 배달앱 안에서 이렇게 강력한 경쟁자들과 싸워야 합니다. 하지만 이 글을 보고 있는 대부분의 배달음식점 사장님들은 이 2가지의 유형이 아닐 가능성이 높습니다. 따라서 이들과는 분명 장사 방법이 달라야 합니다.

온라인 쇼핑몰에서 신발을 판매하는 것에 비유해보면 첫 번째 유형처럼 판매 건수와 리뷰가 많은 곳이 있으며, 두 번째 유형처럼 유명 연예인이나 인플루언서가 신고 나와 현재 유행하는 신발을 판매해 폭발적으로 판매량을 늘리는 곳이 있습니다. 이 상황에서 우리는 판매 건수와 리뷰도 적고 현재 유행하는 것도 아닌 신발을 팔아야 합니다.

그렇다면 어떻게 해야 배달앱에서 음식을 판매할 수 있을까요? 이 2가지의 유형과는 다른 방법으로 접근해야 합니다. 고객들은 이 2가지 유형의 배달음식점에 대해 우호적인 시각으로 바라봅니다. 어느 정도의 선점 효과가 있기 때문입니다. 하지만 본인의 배달음식점을 바라보는 고객들은 기본적으로 의심이 가득 찬 부정적인 시각이라고 생각해야 합니다. 생소하기 때문입니다.

그래서 고객의 심리를 활용해 본인 가게의 음식이 더 큰 매력이 있음을 보여줘야 합니다. 가게의 장점은 무엇인지, 메뉴에 어떤 특별함이 있는지 등 고객에게 혜택이 될 만한 부분은 보여주고 꺼려지는 부분은 안심을 시켜줘야 합니다. 그래야만 주문으로 이어질 수 있습니다. 이것이 본 책에서 여러 번 언급하는 배달앱 최적화입니다.

예전에 닭갈비 전문점을 창업하기 위해 전국의 닭갈비 맛집 100곳을 돌아다녔다는 창업자를 본 적이 있습니다. 다소 무모해 보일 수 있지만 저는 그만큼 노력했기 때문에 그 창업자가 성공할 수 있었다고 생각합니다.

배달음식점 역시 마찬가지입니다. 닭갈비를 판매한다면 맛집 랭킹에 있는 전국적으로 유명한 닭갈비 가게를 최소 10곳은 방문해보고 앞서 언급했던 첫 번째, 두 번째와 지금 설명하는 세 번째 유형 중 어느 곳에 해당하는지 분석해 세 번째 유형으로 장사를 잘하는 곳이 있다면 그곳을 벤치마킹해야 합니다. 어떤 장점을 가지고 있는지, 메뉴의 특별함은 무엇인지, 청결에 대해 고객에게 어떻게 어필하고 있는지 등을 파악하고 고객의 심리를 활용해 주문을 유도해야 합니다.

세 번째 유형은 앞선 2가지 유형보다 어렵게 느껴질 수 있습니다. 하지만 첫 번째 유형처럼 판매 건수와 리뷰가 많아지려면 필연적으로 오랜 시간이 필요하며, 두 번째 유형처럼 유행하는 브랜드를 선점하려면 높은 리스크를 감수해야 하고 또 유행이 끝나기 전에 브랜드를 정리해야 하는 압박도 있습니다. 따라서 필연적으로 고객의 심리를 활용해 장사를 해야 합니다.

본 책의 주요한 내용도 고객의 심리를 활용해 배달음식점을 운영하는 방법에 대한 것입니다. 그리고 이렇게 고객의 심리를 활용해 배달음식점을 운영한다면 단골 고객이 쌓이게 되고 궁극적으로 판매 건수와 리뷰가 늘어나 비로소 첫 번째 유형의 배달음식점같이 안정적인 운영이 가능하게 됩니다.

06

배달음식점의 마진율

앞서 배달음식점은 모든 것을 숫자로 분석해야 한다고 말했습니다. 그 이유 중 하나가 배달음식점의 마진율 때문이었습니다. 배달음식점은 배달앱 수수료, 배달 대행비, 포장 용기비 등이 추가로 발생하기 때문에 홀매장에 비해 마진율이 낮을 수밖에 없습니다. 그렇기 때문에 마진율 관리는 배달음식점을 운영하는 사장님들에게 매우 중요한 요소입니다.

배달음식점의 마진율을 살펴보기 전에 홀매장의 마진율부터 알아보겠습니다.

구분	임대료	인건비	재료비	공과금	기타
비율(%)	10	20~35	30~45	5	3

매장의 형태나 메뉴 등에 따라 다르지만 홀매장의 경우 [도표 1-6]에서 보듯이 매출 대비 지출 비율을 산정할 수 있습니다. 인건비와 재료비 지출이 낮다면 32% 정도의 수익을 낼 수 있으나 인건비와 재료비 지출이 높다면 수익은 2% 정도에 불과할 것입니다. 또한 여기에 음식점이 프랜차이즈라고 한다면 매출의 일정 부분이 수수료로 발생할 수도 있습니다.

그런데 배달음식점의 마진율은 이보다 더 낮습니다. 그 이유는 앞서 말한 배달앱 수수료, 배달 대행비, 포장 용기비 등이 주요한 이유입니다.

배달의민족에서 운영하는 광고 프로그램 중 하나인 '오픈리스트[9]'의 경우 수수료가 주문 금액의 7.48%(부가세 포함)에 달하며 배달 대행비는 1.2킬로미터 기본 거리가 4,000원에 육박합니다. 또한 포장

9] 오픈리스트는 배달의민족에서 제공하는 기본 광고로, 특정 음식 카테고리의 상단에 노출되는 광고입니다. 자세한 내용은 74쪽과 80쪽에서 설명했습니다.

용기비도 배달 건당 500원 정도는 들기 때문에 홀매장에 비해 마진율이 낮을 수밖에 없습니다. 따라서 배달음식점은 홀매장과는 다른 접근을 해야 하며 그 방법은 다음과 같습니다.

첫 번째, 임대료를 줄여야 합니다. 홀매장의 경우 노출을 늘리기 위해 소위 말하는 목이 좋은 곳에 높은 권리금을 주거나 비싼 월세를 감당하면서 입점합니다. 하지만 배달음식점은 목이 좋은 곳에 있을 필요는 없습니다. 그렇기 때문에 홀매장이 매출 대비 임대료 비율이 10% 수준이라면 배달음식점은 3%까지 줄이는 것이 좋습니다. 현재 운영 중인 배달음식점의 임대료가 부담된다면 근처의 낮은 임대료를 가진 곳으로 옮기는 것도 하나의 방법입니다.

두 번째, 인력 운영의 효율성을 높여야 합니다. 최저임금과 4대 보험 요율의 상승, 퇴직금 부담 등 고용주 입장에서 직원을 고용하는 것이 큰 부담이 되고 있습니다. 그래서 저는 배달음식점을 준비 중인 예비 창업자라면 인건비를 절감하고 인력 효율성을 높이기 위해 1인 창업이나 가족, 친구 등과 같이 하는 지인 창업을 권하고 있습니다. 그럼에도 불구하고 직원을 고용해야 하는 상황이라면 여러 명을 고용하더라도 최대한 주 15시간 미만으로 운영해 주휴 수당이 발생하지 않도록 하는 편이 좋습니다. 또한 포장 판매도 함께할 때는 키오스크 등을 도입해 인건비로 인해 고정비가 늘어나지 않도록 최대한 관리해야 합니다.

세 번째, 포장 용기에 지속적으로 관심을 가져야 합니다. 포장 용기의 가장 큰 목적은 고객에게 음식을 전달하기 위함입니다. 따라서 본연의 역할에 충실하면서 가격이 저렴한 것을 선택하면 좋습니다. 이런 포장 용기를 찾기 위해서는 지속적인 관심이 필수입니다. 각종 커뮤니티를 이용해 정보를 습득하거나 포장 용기만 전문적으로 판매하는 곳에서 샘플을 요청하는 것도 좋습니다. 또한 '배민상회[10]'의 포장 용기가 비교적 저렴하다고 평가되고 있으니 비교해보는 것도 좋은 방법입니다.

네 번째, 프랜차이즈도 살펴봐야 합니다. 많은 사람들이 '프랜차이즈는 남는 것이 없다'라는 인식을 가지고 있습니다. 저 역시도 기본적으로는 그렇게 생각을 했었지만, 음식 배달시장이 커짐에 따라 경쟁력을 갖춘 프랜차이즈들이 나타나고 있습니다. 이런 프랜차이즈들은 대량 구매라는 강력한 무기로 개인 매장에 비해 재료비가 저렴한 경우가 있으며 숍인숍 형태로 운영되기도 해 불필요한 가맹비나 교육비 등이 발생하지 않습니다. 이런 곳을 잘 선택한다면 재료비의 우위에서 배달음식점을 운영할 수 있습니다.

[도표 1-7]은 배달음식점의 매출 대비 지출 비율에 대해 제가 드리는 가이드라인이며 이것을 준수했을 때 마진율은 12% 정도가 됩

10] 배달의민족이 운영하는 식품과 가게 용품 판매처입니다.

니다. 그리고 각 항목별로 비율을 줄일 수 있도록 노력해야 하며 가이드라인보다 비율이 높은 항목이 있다면 어느 부분이 높은지 고민하고 해결을 해야 합니다.

[도표 1-7] 배달음식점의 매출 대비 지출 비율

구분	임대료	인건비	재료비	공과금	기타	배달앱 수수료	배달 대행비	포장 용기비
비율(%)	5	10	35	5	3	10	15	5

배달음식점은 일정 부분 박리다매가 돼야 합니다. 무조건적인 박리다매가 아니라 일정 부분 박리다매라고 말한 이유는 그렇게 해야만 임대료나 인건비, 재료비 등이 매출에서 차지하는 비율이 줄어들기 때문입니다.

매출 향상을 위한 스노우볼

배달음식점으로 높은 매출을 올리기 위한 로직은 간단합니다. 어떻게든 고객에게 본인 가게를 노출시키고 클릭을 유도하며 주문으로 이어지게 하면 됩니다. 이후 맛, 청결, 서비스, 배달 속도 등을 통해 고객을 만족시킴으로써 다시 주문할 수 있는 단골 고객으로 전환시키면 됩니다. 이런 횟수가 늘어나면 안정적인 배달음식점이 되는 것입니다.

노출 > 클릭 > 주문 > 고객 만족 > 단골 전환 > 재주문

노출

노출은 배달음식점이 고객에게 음식을 팔기 위해 첫 번째로 실행

해야 할 과정입니다. 앞서 이야기한 대로 홀매장의 경우 노출을 늘리기 위해 높은 권리금이나 임대료를 지급하는 등의 비용이 듭니다. 차후 언급하겠지만 배달음식점도 노출을 늘리기 위해서는 일정 부분 비용이 발생할 수 있습니다. 그렇기 때문에 최대한 비용의 지출 없이 노출을 늘릴 수 있는 방법을 강구하고 비용이 든다면 최대의 효율을 낼 수 있는 방법을 생각해야 합니다.

클릭

온라인 쇼핑을 할 때 그 제품을 클릭한 이유에 대해 생각해봤나요? '유튜브'에서 영상을 볼 때 그 영상을 클릭한 이유는 무엇인가요? 배달음식점 역시 이런 개념으로 생각해야 합니다. 고객들이 특정한 행동 패턴을 갖고 있지 않은 것처럼 보일 수 있지만 고객들은 배달앱을 사용하면서 나름의 이유로 특정 가게를 클릭합니다. 하지만 대부분의 배달음식점 사장님들은 이런 고객의 심리를 유추하는 것이 어렵기 때문에 깊게 생각하지 않으려고 합니다. 남들이 하지 않을 때 이 부분에 대해 고민해야 남들보다 더 앞서 나갈 수 있습니다. 최근 배달의민족의 우리가게클릭 광고만 보더라도 이제는 고객의 클릭을 유도할 수 있는 장치를 만드는 것은 필수입니다.

주문

배달음식점 사장님들에게 가장 부족한 부분입니다. 본인이 고객일 때는 이런저런 기준을 잣대로 구매를 결정하지만 판매자일 때는 그런 기준 없이 판매를 합니다. 본인 가게에서 주문을 해야 하는 이유가 명확하게 나타나지 않으며 청결 부분에 대해 고객을 안심시키지도 못합니다. 심지어 고객이 필요로 하는 정보가 없어 어렵게 노출시켜 클릭하도록 한 행위가 무용지물이 되는 경우가 허다하게 발생합니다.

많은 사장님들이 배달음식점의 핵심을 배달의민족의 울트라콜이라고 생각합니다. 이는 명백하게 잘못된 생각입니다. 배달음식점을 운영하면서 가장 중요한 부분은 배달앱 최적화를 통해 고객의 주문으로 이어질 수 있도록 만드는 것입니다.

고객 만족

맛, 청결, 서비스는 기본입니다. 그중 맛과 청결은 기본적인 요소이며 서비스는 단골 고객으로 만들 수 있는 추가적인 요소입니다. 맛이 없다면, 청결하지 못하다면 아무리 좋은 서비스로도 고객 만족은 있을 수 없으며 당연히 단골 고객으로 만들 수도 없습니다.

맛과 청결, 이 기본적인 요소가 준비됐다면 고객 만족을 위해 가장 힘써야 할 요소는 서비스입니다. 배달음식점 사장님들은 고객들이 눈에 직접 보이지 않기 때문에 서비스를 무시하는 경향이 있습니다. 하지만 서비스는 그 무엇보다 중요한 요소이니 이 부분을 잘 이해해야 합니다.

단골 전환 / 재주문

앞의 과정을 모두 거쳐 고객 만족을 줬다면 고객은 단골 고객으로 전환되고 재주문을 하게 될 것입니다.

단골 고객이 많다는 것은 성수기에는 높은 매출을 기대할 수 있고 비수기에도 버틸 수 있는 최소한의 매출을 만들어줍니다. 단골 고객이 많은 배달음식점은 특정한 상황에서도 매출이 크게 떨어지지 않습니다. 따라서 배달음식점은 단골 고객이 필수입니다.

다만 이렇게 단골 고객으로 만들 수 있는 기회가 이제 얼마 남지 않았습니다. 코로나19로 인해 사람들의 배달앱 사용 빈도가 늘었고 숙련도도 향상됐습니다. 사용 숙련도 향상은 많은 고객들이 특정 배달음식점에 단골 고객으로 정착할 수 있는 계기가 됐습니다.

예를 들어 치킨의 경우 '프라이드치킨은 BHC', '간장치킨은 교촌치킨', '양념치킨은 처갓집양념치킨'같이 이미 브랜드를 정해놓고 주문하는 고객들이 늘었습니다. 즉, 고객들이 배달의민족 울트라콜 노출 영역이 아닌 이렇게 브랜드를 특정해 배달앱 안에서 검색하거나 과거 주문 내역, 또는 찜 내역 등을 통해 유입될 경우 단골 고객이 적은 가게는 노출의 기회조차 가질 수 없게 됩니다. 따라서 단골 고객 만들기를 서둘러야 합니다.

지금까지의 내용들은 개념적인 부분이었습니다. 이런 개념적인 부분을 통해 4가지의 중요한 질문을 얻었으며 이것들을 어떻게 해결할지에 대해 고민해야 합니다.

1. 어떻게 노출 수를 늘릴까?
2. 어떻게 클릭을 유도할까?
3. 어떻게 주문을 하게 할까?
4. 어떤 서비스로 단골 고객을 만들까?

이제는 이 4가지 질문을 하나씩 풀어가며 실제적으로 매출을 올리는 방법에 대해 이야기해보겠습니다.

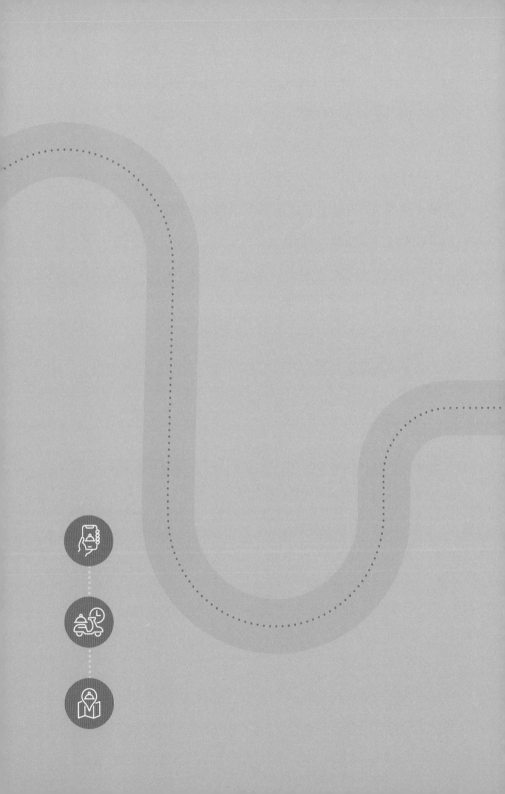

2장

배달앱의
노출 수 향상 비법

01

배달앱 입점 전략

　고객에게 음식을 판매를 하기 위해 가장 먼저 해야 할 것은 노출입니다. 홀매장의 경우 노출을 늘리기 위해 목이 좋은 곳에 높은 권리금이나 임대료를 내고 창업을 합니다. 노출이 많은 것이 구매와 무조건적으로 이어지는 것은 아니지만 노출이 많을수록 구매가 늘어날 가능성이 높습니다. 배달음식점 역시 마찬가지입니다. 노출이 많다는 것은 그만큼 고객의 주문을 유도할 가능성이 높아지는 것입니다.

　배달음식점의 노출 수를 늘리기 위한 전략에는 2가지가 있습니다. 첫 번째는 가능한 한 모든 배달앱에 입점하는 것과 두 번째는 배달앱의 광고 프로그램을 선택하는 것입니다.

먼저 첫 번째 전략은 가능한 한 모든 배달앱에 입점해야 합니다. 배달의민족, 요기요, 쿠팡이츠는 배달음식점을 운영한다면 당연히 입점해야 하는 배달앱입니다. 또한 3개의 대형 배달앱 외에도 '땡겨요', '위메프오', '카카오톡 주문하기', '먹깨비', 기타 공공 배달앱 등 다양한 배달앱에 입점해 노출 수를 늘리는 것이 좋습니다.

가능한 한 모든 배달앱에 입점해도 되는 가장 큰 이유는 배달의민족 울트라콜을 제외한 모든 광고는 고정비가 발생하지 않기 때문입니다. 배달의민족 울트라콜의 경우 주문 수와 관계없이 개당 월 88,000원(부가세 포함)이 부과되는 형태이지만 다른 광고들은 고정비가 없는, 주문이 들어오면 수수료를 차감하는 형태입니다. 즉, 주문이 없으면 비용 부담도 없기 때문에 사장님 입장에서는 주문이 들어오지 않더라도 손해 볼 것이 없습니다.

또한 고객들의 배달앱 사용 숙련도가 향상되면서 동일한 가게에서 주문을 하더라도 여러 배달앱을 비교해보는 고객이 늘어나고 있다는 사실도 가능한 한 모든 배달앱에 입점해야 하는 이유입니다. 배달앱별로 할인율이 다르고 동일한 가게라도 음식 가격이나 배달비 등이 다를 수 있음을 고객이 인지하고 있기 때문에 같은 가게에서 주문하더라도 자신에게 유리한 배달앱을 선택해 주문을 하려고 합니다. 만약 고객이 가격이 저렴한 배달앱을 찾아 이동하던 중 특정 배달앱에 본인 가게가 없다면 고객이 이탈할 가능성이 생깁니다. 이런 이탈 가능성을 조금이라도 방지하기 위해서라도 가능한 한 모든 배달앱에 입점하는 것이 중요합니다.

모든 배달앱에 입점하려고 할 때 사장님들에게 가장 부담되는 부분은 일부 배달앱의 높은 수수료입니다. 단적으로 배달의민족 오픈리스트 광고 주문의 경우 주문 금액의 7.48%(부가세 포함)의 수수료가 차감되지만 요기요 일반 주문의 경우 13.75%(부가세 포함)의 수수료가 차감됩니다. 다른 모든 요소를 제외하더라도 수수료 부담만 6.27%의 차이가 발생하는 것입니다.

이럴 경우 배달앱별로 음식 가격에 차이를 두는 방법으로 해결하면 됩니다. 똑같은 사과라 할지라도 백화점에서는 1개에 3,000원에 판매되는 반면, 길 건너 시장에서는 1개에 1,000원에 판매됩니다. 수수료가 비싼 배달앱이 있다면 음식 가격을 올리는 방법으로 어떤 배달앱에서 판매를 하더라도 동일한 마진이 생길 수 있도록 세팅하면 됩니다.

설령 수수료가 높아 음식 금액을 높게 책정해놓은 배달앱에서 주문이 없다 하더라도 고정비가 발생하지 않으니 손해 볼 것이 없습니다. 또한 고객들이 여러 배달앱을 돌아다니며 자신에게 유리한 배달앱에서 주문한다고 했을 때, 음식 가격이나 배달비가 가장 낮은 곳에서 주문할 확률이 높으며 그 배달앱은 사장님의 수수료 부담

또한 가장 낮은 곳일 확률이 높습니다.

요약하자면, 고객들의 배달앱 사용 숙련도가 늘었고 배달의민족의 울트라콜을 제외한 다른 광고들은 모두 고정비가 없기 때문에 배달음식점 사장님들은 노출 수를 늘리기 위해 가능한 한 모든 배달앱에 입점하는 것이 좋습니다. 또한 수수료가 높은 배달앱은 음식 가격을 높여서 마진을 챙기고 수수료가 낮은 배달앱으로 유도할 수 있다는 장점도 있습니다.

배달음식점의 노출 수를 늘리기 위한 두 번째 전략인 배달앱 광고 프로그램 선택에 대해서는 이어지는 소단원들에서 배달앱별로 살펴보겠습니다.

02

배달의민족 광고 입점 전략

　앞서 배달음식점의 노출 수를 늘리기 위한 2가지 전략 중 두 번째는 배달앱의 광고 프로그램을 선택하는 것이라고 말했습니다. 본 소단원에서는 여러 배달앱들 중 배달의민족 광고 입점 전략에 대해 이야기해보겠습니다.

　배달의민족은 일반적으로 배달의민족에서 제공하는 일반 광고 프로그램과 '배민1'으로 나눌 수 있습니다. 일반 광고 프로그램의 경우 주문 접수는 배달의민족으로 하고 배달은 배달 대행사를 이용해 고객에게 전달하는 시스템입니다. 배민1의 경우 주문 접수도 배달의민족으로 하고 배달도 배달의민족 소속 배달 라이더가 고객에게 전달하는 시스템입니다. 일반 광고 프로그램은 전국에서 서비스되고 있지만 배민1의 경우 지역을 확대하고 있는 추세이기는 하지만 전국에서 서비스되고 있지는 않습니다.

지역, 업종, 메뉴, 가격대에 따라 다를 수는 있지만 노출 수를 늘리기 위해서는 가급적 일반 광고 프로그램과 배민1을 모두 이용하는 것이 좋습니다. 일반 광고 프로그램에 비해 배민1은 수수료가 비싸다는 단점이 있지만 빠른 배달 속도로 인해 고객들이 선호하는 경향이 있습니다. 또한 배달의민족에서도 배달앱 사용자 인터페이스에 배민1은 애니메이션을 삽입하고 쿠폰을 배포하는 등 노골적으로 배민1으로 주문을 유도하고 있기 때문에 더 많은 주문을 받기 위해 배민1은 필수라고 생각합니다.

[도표 2-1] 배달의민족 사용자 인터페이스

출처 : 배달의민족

배달의민족에서 제공하는 일반 광고 프로그램은 크게 오픈리스트, 울트라콜, 포장 주문으로 나눌 수 있습니다.

먼저 오픈리스트의 경우 음식별 카테고리 가장 상단에 노출되며 주문 금액의 7.48%(부가세 포함)의 수수료가 부과됩니다. 수수료가 저렴한 편은 아니지만 가장 상단에 노출된다는 메리트가 있기 때문에 가급적 신청하는 것이 좋습니다.

[도표 2-2] 배달의민족 '오픈리스트' 노출 예시

출처 : 배달의민족

오픈리스트는 여러 개의 음식 카테고리에 신청할 수 있습니다. 다만 선택한 카테고리와 연관 있는 메뉴가 대표 메뉴로 최소 2개 이상 등록돼있어야 합니다. 예를 들어 닭볶음탕, 찜닭, 프라이드치킨 등 3개의 메뉴가 대표 메뉴로 등록돼있다면 닭볶음탕과 찜닭 메뉴로 인해 배달의민족 앱의 '찜·탕·찌개' 카테고리에서 오픈리스트를 신청할 수 있지만 프라이드치킨은 메뉴가 1개밖에 없기 때문에 '치킨' 카테고리에서 오픈리스트 노출은 불가능합니다. 이럴 경우 양념치킨을 추가해 대표 메뉴가 닭볶음탕, 찜닭, 프라이드치킨, 양념치킨이 될 경우 프라이드치킨과 양념치킨이 있기 때문에 치킨 카테고리에서도 오픈리스트 신청이 가능합니다. 즉, 대표 메뉴로 닭볶음탕, 찜닭, 프라이드치킨, 양념치킨을 했을 경우 찜·탕·찌개와 치킨 2개의 카테고리에서 오픈리스트 노출이 가능한 것입니다.

대표 메뉴는 총 6개까지 설정할 수 있기 때문에 위와 같은 방법으로 메뉴를 구성한다면 총 3개의 카테고리에서 오픈리스트를 신청할 수 있으며 21시 이후까지 영업을 한다면 '야식' 카테고리에서도 오픈리스트를 신청할 수 있어 최대 4개까지 신청 및 노출이 가능합니다. 다만 다양한 카테고리에서 오픈리스트를 신청하기 위해 대표 메뉴가 연관성이 없는 형태가 되면 고객에게 전문성을 보여주기 힘드므로 주문전환율이 오히려 떨어질 수 있습니다. 그렇기 때문에 야식 카테고리를 포함해 최대 3개의 오픈리스트만 신청하는 것을 추천합니다.

또한 오픈리스트를 신청하면 '1인분', '채식', '기획전' 같은 특별한 노출이 가능합니다. 1인분을 신청하면 1인분 카테고리에 노출되며 채식을 신청하면 채식 카테고리에 노출됩니다. 기획전을 신청하면 배달의민족이 구성한 각종 큐레이션 영역에 노출됩니다.

[도표 2-3] 배달의민족 큐레이션 영역 예시

출처 : 배달의민족

이렇게 비용을 들이지 않고 노출할 수 있는 방법이 있지만 많은 배달음식점 사장님들은 이런 광고 설정 방법을 잘 모릅니다. 1인분, 채식, 기획전에 노출하고 싶다면 배달의민족 사장님광장 홈페이지의 '사장님광장 > 배민 셀프서비스'에서 '광고관리 > 오픈리스트 > 자세히 보기'를 클릭한 뒤 필요한 영역에 체크만 하면 됩니다.

[도표 2-4] 배달의민족 큐레이션 영역 노출 설정 화면

출처 : 배달의민족

다음은 울트라콜입니다. 울트라콜은 배달의민족 기본 광고로, 현재도 가장 많은 주문이 발생하는 광고는 울트라콜 광고입니다. 울트라콜은 개당 월 88,000원(부가세 포함)이 부과되는 유일한 정액제 광고입니다. 이전에는 울트라콜을 어떻게 활용하느냐에 따라 배달음

식점의 성패가 결정된다고 할 정도로 중요한 요소였지만 현재는 그 활용도가 이전에 비해서는 줄어든 상태입니다. 하지만 아직도 전략적인 노출이 가능하기 때문에 중요합니다. 울트라콜에 대해 궁금해하는 배달음식점 사장님들이 많기 때문에 별도 장으로 구성해 6장에서 더욱 자세히 설명하겠습니다.

다음은 배달의민족 포장 주문에 대해 이야기해보겠습니다. 배달음식점 운영 시 포장 주문은 필수이며 가장 큰 이유는 높아지는 배달비 때문입니다.

사람들이 배달 음식을 주문을 할 때 가장 꺼려지는 부분으로 배달비를 꼽습니다. 마찬가지로 배달음식점을 운영하는 사장님들에게 가장 부담되는 부분 중 하나도 배달비입니다. 사장님 입장에서는 높아지는 배달비 일부를 고객에게 전가하려 하지만 고객이 배달비에 느끼는 저항은 점차 커지고 있습니다. 이로 인해 사장님과 고객 사이의 암묵적인 합의가 이뤄지는 영역이 바로 포장 주문입니다.

포장 주문의 경우 클릭 수 대비 주문 수를 나타내는 주문전환율이 배달 주문에 비해 약 2배 정도 높은 성과를 보입니다. 포장 주문은 바로 근처에서 포장할 곳을 찾기 때문에 실제 구매로 이어지는 경우가 많은 것이 그 이유입니다. 유동인구가 많거나 인근에 주거단지가 있다면 포장 주문은 필수로 운영해야 할 광고입니다.

배달의민족은 2022년 12월 말까지는 포장 주문에 대해 수수료를 부과하지 않기로 했습니다. 하지만 최근 배달의민족의 움직임을 보았을 때 요기요, 쿠팡이츠와 암묵적인 합의가 된다면 포장 주문에도 수수료를 부과할 것으로 예상됩니다. 그 수수료의 수준이 어느 정도인지 판단해 포장 주문을 지속할지에 대해 고민하면 됩니다.

배달의민족에서 제공하는 일반 광고 프로그램의 경우 이렇게 여러 가지 방법으로 노출 수를 늘릴 수 있습니다. 하지만 배민1의 경우 원래 카테고리 이외에 1인분 카테고리에 들어가는 것을 제외하면 노출 수를 늘릴 수 있는 방법이 없습니다. 그래서 배민1은 노출 수를 늘리는 것보다 클릭 수와 주문 수를 늘리는 방법에 대해 더 고민해야 합니다.

03

배달의민족
오픈리스트 광고 입점 기준

　배달의민족 오픈리스트는 울트라콜과 달리 고정비가 발생하지 않으며 주문 금액의 7.48%(부가세 포함)를 수수료로 차감합니다. 울트라콜로 100건이든 1,000건이든 주문을 받아도 월 고정비는 88,000원(부가세 포함)으로 변함이 없는데, 오픈리스트는 주문 금액의 7.48%를 차감하니 일부 배달음식점 사장님은 오픈리스트의 수수료가 매우 높다고 판단합니다. 가장 유리한 위치에 노출되지만 수수료에 부담을 갖는 것입니다. 이번에는 오픈리스트 광고에 입점하는 기준에 대해 이야기해보겠습니다.

[도표 2-5] 배달의민족 광고성과 예시

출처 : 배달의민족

　[도표 2-5]는 배달의민족 사장님광장 홈페이지의 '사장님광장 >
배민 셀프서비스 > 통계'에서 확인할 수 있는 통계자료입니다. 여
기서 '광고성과'는 광고 금액 대비 주문 금액을 나타낸 것입니다.
만약 광고비로 1만 원을 써서 10만 원의 주문이 들어왔다면 광고
성과는 10배가 되는 것입니다.

　우리가 주목해야 할 부분은 오픈리스트의 광고성과입니다. 오픈
리스트는 주문 금액의 7.48%를 차감하기 때문에 광고성과는 일정
하게 13.4배 입니다. 즉, 오픈리스트를 통해 10만 원의 주문이 들어
왔을 경우 수수료는 7.48%인 7,480원입니다. 결국 10만 원의 주문

을 받기 위해 광고비 7,480원을 지출한 셈이 되기 때문에 13.4배(≒ 10만 원/7,480원)로 고정입니다.

결국 현재 오픈리스트 광고를 하지 않고 울트라콜 광고만 한다면 울트라콜의 광고성과가 13.4배가 되는지 확인하고 이보다 광고성과가 낮다면 오픈리스트 광고를 하는 것이 맞습니다. [도표 2-5]에서 보듯이 울트라콜 광고성과 1.7배는 오픈리스트 광고성과 13.4배에 비해 낮으므로 오픈리스트 광고를 신청하는 것이 이득인 상황입니다.

기본적으로는 배달의민족에서 제공하는 광고성과를 토대로 운영하면 되지만 다음과 같은 특수한 경우에는 광고성과와 관계없이 오픈리스트 광고에 입점하면 좋습니다.

첫 번째, 가게를 개업한 지 3개월 미만인 경우 오픈리스트에 입점하면 좋습니다. 차후 클릭률에 대한 부분에서 이야기하겠지만, 개업 뒤 3개월이 경과하기까지 신규 마크가 붙게 되고 이 신규 마크가 있으면 통상적으로 클릭률이 1~2% 높은 결과가 나타납니다. 따라서 노출 수를 늘리면 그만큼 클릭 수가 늘어날 수 있기 때문에 최대한 노출 수를 늘리는 것이 좋습니다. 또한 개업 뒤 3개월 동안은 리뷰를 적극적으로 늘려야 할 때입니다. 이때는 마진도 중요하지만 리뷰를 늘리는 것에 더욱 중점을 둬야 하며 오픈리스트에 입점해 최대한 노출 수를 늘리는 것이 중요합니다.

두 번째, 성수기가 됐을 때 오픈리스트에 입점하면 좋습니다. 38쪽에서 배달음식점의 기본 개념 중 성수기와 비수기가 있고 성수기에는 매출을 늘려야 한다고 이야기했습니다. 매출을 늘리기 위해 가장 첫 번째로 해야 할 일은 노출 수를 늘리는 것이고 노출 수를 늘리기 위해 광고성과와 관계없이 성수기에는 오픈리스트에 입점하는 것이 좋습니다.

오픈리스트는 7.48%라는 결코 낮지 않은 수수료가 차감되는 광고입니다. 그렇기 때문에 수치적인 접근이 필수이고 상황에 맞게 운영해야 불필요한 낭비가 없습니다.

04

배달의민족
우리가게클릭 광고 입점 기준

　배달의민족 우리가게클릭은 2022년 6월부터 적용된 광고로, 오픈리스트 가게 중 가장 첫 번째로 노출되며 클릭할 때마다 광고비가 차감되는 형태의 광고입니다. 이전까지는 고객이 주문한 금액에 대해서만 차감했지만 고객의 클릭에 대해 차감하는 첫 번째 광고입니다.

　배달의민족 우리가게클릭은 배달음식점 사장님이 설정한 예산 안에서 비용이 집행됩니다. 예산은 월 5만 원부터 300만 원까지 설정이 가능하며 클릭당 단가는 200~600원입니다. 그리고 [도표 2-6]에서 보듯이 우리가게클릭에 입점하면 오픈리스트 가장 첫 번째에 노출됩니다.

[도표 2-6] 배달의민족 '우리가게클릭' 노출 예시

출처 : 배달의민족

　제가 2022년 7월까지 컨설팅한 배달음식점들의 통계를 집계한 결과 울트라콜의 개당 노출 수는 지역, 업종, 메뉴, 가격대에 따라 조금씩 다르지만 일평균 300~500회 정도입니다. 그리고 평균적인 클릭률인 3~5%를 대입했을 때 일평균 클릭 수는 9~25회 수준이며 월평균 클릭 수는 270~750회 수준입니다. 이를 울트라콜 광고 가격인 월 88,000원(부가세 포함)으로 나누면 울트라콜 클릭당 단가는 117~326원 정도입니다. 아마 배달의민족도 이런 데이터를 참고해 우리가게클릭의 클릭당 단가를 책정한 것으로 보입니다.

우리가게클릭에 입점하기 위해 가장 중요하게 봐야 할 지표는 클릭 수 대비 주문 수를 의미하는 주문전환율입니다. 이 주문전환율이 10%가 넘지 않는다면 우리가게클릭의 광고비 지출에 비해 주문이 적기 때문에 효율적이지 못합니다. 주문전환율을 올리는 배달앱 최적화에 대해서는 4장에서 다룰 것이니 지금은 이런 사실만 알고 있으면 됩니다.

우리가게클릭에 입점하기 위해 주문전환율을 봐야 하는 이유는 무엇일까요? 노출에는 비용이 발생하지 않는 대신 클릭을 했을 경우 비용이 발생하기 때문입니다. 홀매장을 운영하는 것에 비유하면 우리가게클릭은 임대료는 없지만 고객이 들어올 때마다 건물주에게 비용을 지불하는 것입니다. 그리고 이런 상황에서 비용을 최대한 절감하기 위해서는 들어온 고객에게 음식을 꼭 팔아야 하며 이것을 주문전환율이라는 지표로 확인이 가능합니다.

주문전환율이 10%가 넘는다면 우리가게클릭에 입점해도 되지만 몇 가지 요소를 고려하면 좋습니다.

첫 번째, 우리가게클릭의 금액 수준을 확인해보는 것입니다. 배달의민족은 우리가게클릭의 클릭당 단가를 200~600원으로 책정하고 있습니다. 아무리 주문전환율이 높아도 클릭당 단가가 600원이라면 객단가가 낮은 곳은 부적합합니다. 그렇기 때문에 객단가가 낮다면 무조건적으로 높은 가격부터 광고하지 말고 최대한 낮은 가격부터 광고를 해봐야 합니다. 낮은 광고비로 광고했을 때 노출 효과가 없다면 광고비를 조금씩 높여서 노출이 유리하게 되는지 확인하되, 마진율에 큰 영향을 준다면 광고를 하지 않는 것도 하나의 방법입니다.

두 번째, 우리가게클릭의 입점 경쟁사를 확인해보는 것입니다. 배달의민족 오픈리스트는 무작위로 3개 업체를 보여주며 우리가게클릭을 신청한 업체가 오픈리스트 최상단에 노출됩니다. 수차례 반복적으로 해당 지역과 음식 카테고리에 들어가서 최상단에 어떤 경쟁업체가 노출되는지 확인해보면 좋습니다.

만약 이렇게 확인한 결과 최상단에 노출되는 업체가 계속 바뀐다면 우리가게클릭에 입점한 업체가 없다고 볼 수 있고 이때 우리가게클릭에 입점하면 최상단을 고정적으로 확보할 수 있습니다. 최상단에 노출되는 업체가 1~3개로 로테이션된다면 이 업체들은 우리가게클릭에 입점했을 가능성이 높습니다. 이 정도 개수라도 우리가게클릭에 입점하면 노출 수가 증가할 수 있습니다. 만약 최상단에 노출되는 업체가 4개 이상인 것으로 확인된다면 우리가게클릭의 비용도 높을 뿐더러 노출 확률도 줄어들 수 있으니 큰 효과를 보기 힘듭니다.

　세 번째, 성수기에 입점하는 것입니다. 고객의 수요가 있을 때 광고를 하는 것은 가장 기본입니다. 그렇기 때문에 우리가게클릭도 고객의 수요가 있는 성수기에 하는 것이 효과적이라는 사실을 기억하길 바랍니다.

　어떤 제품이든 장점과 단점이 있습니다. 이것을 어떻게 이해하고 활용하는지가 중요합니다. 우리가게클릭에 대한 부정적인 시각보다는 활용할 수 있는 방법에 대해 고민하는 것이 좋습니다.

요기요 광고 입점 전략

요기요는 '요기요 광고'와 '요기요 익스프레스'로 나뉩니다. 요기요 광고의 경우 주문 접수는 요기요로 하고 배달은 배달 대행사를 이용해 고객에게 전달하는 시스템으로, 배달의민족 일반 광고 프로그램과 비슷한 로직입니다. 요기요 익스프레스의 경우 주문 접수도 요기요로 하고 배달도 요기요 소속 배달 라이더가 고객에게 전달하는 시스템입니다. 배민1과 비슷해 보일 수 있지만 배민1은 단건 배달이며 요기요 익스프레스는 단건 배달은 아니라는 차이점이 있습니다. 요기요 광고는 전국에서 서비스되고 있지만 요기요 익스프레스의 경우 지역을 확대하고 있는 추세이기는 하지만 전국에서 서비스되고 있지는 않습니다.

요기요 역시도 요기요 광고보다 요기요 익스프레스에 더욱 신경을 쓰고 있는 모양새입니다. [도표 2-7] 왼쪽 이미지에서 보듯이 사용자 인터페이스만 보더라도 익스프레스를 더 앞쪽에 보여주며 오른쪽 이미지에서 보듯이 익스프레스를 별도로 선택할 수 있는 화면도 구성하고 있습니다.

[도표 2-7] 요기요 노출 화면(왼쪽)과 '익스프레스' 별도 선택 화면(오른쪽)

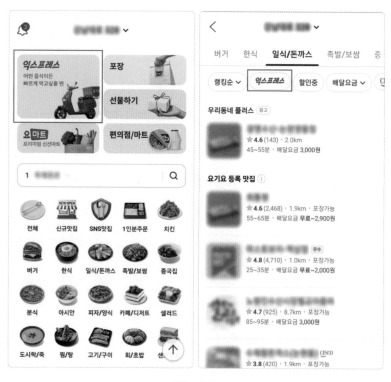

출처 : 요기요

노출만 봤을 때는 요기요 익스프레스가 유리합니다. 다만 요기요의 기본 수수료가 주문 금액의 13.75%(부가세 포함)이며 요기요 익스프레스의 경우 기본 수수료에 배달비 2,900원(부가세 미포함)이 추가로 배달음식점에 부과됩니다. 따라서 고객이 부담하는 배달비와 관계없이 매번 배달비가 부과되기 때문에 객단가가 낮은 업종이라면 요기요 익스프레스 선택 시 역마진이 발생할 수 있음을 인지해야 합니다.

요기요에서 제공하는 기본 광고 프로그램 외에 추가적으로 할 수 있는 광고는 크게 '우리동네 플러스', '우리동네 포커스', 요타임딜, 포장 주문 등이 있습니다.

우리동네 플러스의 경우 [도표 2-8]에서 보듯이 특정 음식 카테고리에 들어갔을 때 가장 상단에 노출되는 광고로, 배달의민족의 오픈리스트 광고와 비슷합니다. 다만 배달의민족 오픈리스트가 7.48%(부가세 포함)의 수수료를 부과하는 데 반해, 우리동네 플러스는 원하는 지역과 음식 카테고리에 직접 입찰가를 제시해 낙찰되면 한 달 동안 고정으로 노출됩니다.

[도표 2-8] 요기요 '우리동네 플러스' 노출 예시

출처 : 요기요

    우리동네 포커스의 경우 [도표 2-9]에서 보듯이 요기요 앱의 음식별 카테고리 아래쪽에 위치하며 로고가 아닌 음식 사진이 보여지기 때문에 클릭을 유도하기 유리한 광고입니다. 우리동네 포커스도 우리동네 플러스와 마찬가지로 원하는 지역에 직접 입찰가를 제시해 낙찰되면 한 달 동안 고정으로 노출됩니다.

[도표 2-9] 요기요 '우리동네 포커스' 노출 예시

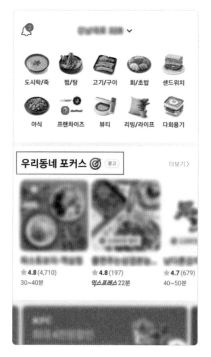

출처 : 요기요

　마지막으로 요타임딜입니다. 요타임딜의 경우 [도표 2-10]에서 보듯이 특정 음식 카테고리에 들어갔을 때 새로운 팝업 형태로 요타임딜을 신청한 배달음식점이 독점적으로 노출되는 광고입니다. 또한 금액대별로 고객 할인이 제공되며 15분 안에 주문해야 한다는 제한이 있기 때문에 고객의 조급함을 미끼로 주문을 유도하기 용이합니다.

[도표 2-10] 요기요 '요타임딜' 광고 예시

출처 : 요기요

다만 이와는 별개로 수수료는 분명 따져봐야 합니다. 앞서 배달음식점의 기본 개념에 대해 설명할 때 요타임딜의 수수료 체계에 대해 이야기하면서 하지 말아야 할 광고라고 말했습니다. 직접 배달을 하지 않는 이상 수익이 발생할 수 없는 구조이기 때문입니다. 따라서 개업 초기 홍보 목적이나 직접 배달을 하지 않는 한 요타임딜은

쳐다보지도 않는 것이 좋습니다.

요기요 포장 주문의 경우 배달의민족과 동일한 개념이니 설명은 생략하도록 하겠습니다.

여기까지가 요기요 광고에 대한 설명이었습니다. 요기요는 배달의민족같이 특정 지역에 전략적으로 노출할 수 있는 울트라콜 같은 광고가 없으며 음식점 순위는 순수하게 랭킹순으로 반영됩니다. 랭킹에 대해 정확히 알려진 바는 없지만 주문 수가 높은 것이 분명 유리할 것입니다.

따라서 요기요에서 우리동네 플러스, 우리동네 포커스 광고를 한두 달 한다고 하더라도 주문 수가 비약적으로 늘지 못한다면 그 효과를 온전히 보기 힘듭니다. 결국 요기요 광고는 최소 3~6개월 이상 장기적으로 운영하면서 랭킹을 끌어올려야 노출 수가 늘어나고 이에 따른 주문 수도 늘어날 수 있음을 알아야 합니다.

06

쿠팡이츠 광고 입점 전략

마지막으로 쿠팡이츠에 대해 알아보겠습니다. 쿠팡이츠는 요기요와 마찬가지로 랭킹 시스템이 적용되기 때문에 배달의민족같이 다양하게 전략적으로 노출하기는 힘듭니다. 기본 랭킹순으로 정렬되는 것 외에 노출 수를 늘릴 수 있는 유일한 수단은 쿠팡이츠 광고입니다.

쿠팡이츠 광고는 고객이 보기 좋은 자리에 노출해주며 해당 노출이 주문으로 이어질 경우 음식값에서 일정 부분 수수료로 차감하는 형태입니다. 여기서 말하는 일정 부분은 5~50% 사이로, 배달음식점 사장님이 직접 선택할 수 있습니다. 다만 수수료율이 높을수록 더욱 유리한 자리에 노출되기 때문에 과도한 경쟁을 부추기고 있습니다.

요기요의 요타임딜에 비해 수수료를 낮게 책정할 수는 있지만 기본적으로 쿠팡이츠 수수료가 높기 때문에 이 역시도 숫자로 검증함으로써 역마진이 발생하지 않는 구조로 세팅해야 합니다.

[도표 2-11] 쿠팡이츠 광고 노출 예시

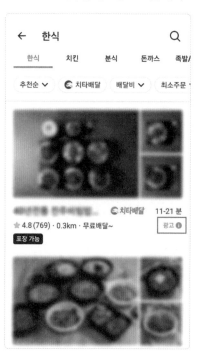

출처 : 쿠팡이츠

쿠팡이츠의 포장 주문도 배달의민족과 동일한 개념이니 설명은 생략하도록 하겠습니다.

지금까지 배달의민족, 요기요, 쿠팡이츠의 노출 수를 늘릴 수 있는 광고 프로그램에 대해 알아보았습니다. 다른 배달앱들의 광고도 위 3사의 광고와 거의 동일하니 이 범주 안에서 생각하고 광고를 운영하면 됩니다.

　다만 노출 수만 늘어난다고 주문 수가 늘어나는 것은 절대 아닙니다. 그렇기 때문에 비용을 들이지 않고 늘릴 수 있는 노출 수는 최대한 늘린 상태에서 배달앱 최적화를 먼저 하는 것이 우선입니다. 배달앱 최적화가 됐다면 비용을 투입해 노출 수를 늘리는 것도 고려해볼 만합니다.

　배달음식점을 운영한다고 꼭 배달앱을 통해서만 노출해야 하는 것은 아닙니다. 전단지 배포를 고려해볼 수도 있고 현수막을 걸거나 배달 책자에 광고를 하는 것도 방법입니다. 하지만 전단지 배포는 신고로 인한 스트레스가 높으며 현수막을 거는 것과 배달 책자에 광고를 하는 것은 효율이 좋지 못합니다.

　배달음식점을 운영하면서 노출 수를 늘리기 위해 이용하면 좋은 외부 매체는 인스타그램과 지역 커뮤니티, '당근마켓' 등입니다. 이 부분에 대해서는 이어지는 소단원에서 이야기하겠습니다.

외부 매체를 이용한
노출 수 향상법

┃ 인스타그램 활용하기

비교적 나이가 많은 중장년층은 네이버를 통해 검색을 하지만 젊은층은 인스타그램이나 유튜브를 통해 검색을 합니다. 이런 이유로 젊은층을 대상으로 홀매장을 운영하는 경우 필수적으로 홍보해야 할 매체가 인스타그램입니다.

과거에는 배달음식점에서 직접 인스타그램 계정을 운영하면서 홍보하는 것은 큰 효과가 없었습니다. 그런데 인스타그램 안에서 배달의민족이나 요기요 주문으로 바로 연결되는 기능이 생기면서 배달음식점도 인스타그램을 통한 홍보의 필요성이 커졌습니다.

[도표 2-12] 인스타그램 '음식 주문하기' 탭 예시

출처 : 인스타그램

[도표 2-12]에서 보듯이 예전에는 없었던 '음식 주문하기' 탭이 추가돼 배달앱으로 접속이 가능합니다. 바로 접속할 수 있기 때문에 고객을 인스타그램으로 유입시키기만 하면 주문으로 연결하기 유리한 환경입니다.

그런데 배달음식점을 운영하는 많은 사장님들이 인스타그램을 활용하지 못하는 가장 큰 이유는 인스타그램에 특별한 무언가를 업

로드해야 한다는 강박관념이 있기 때문입니다. 하지만 우리는 장사를 하는 사람입니다. 매번 특별한 것을 업로드하기보다 늘 반복되는 것이지만 고객에게 신뢰를 줄 수 있는 그런 것을 업로드하는 것이 더욱 효과적일 수 있습니다. 그리고 그 업로드할 게시물에 대해서는 164쪽에서 자세히 이야기하겠습니다.

인스타그램을 해야 하는 또 다른 이유는 인스타그램 스폰서 광고 때문입니다. 인스타그램 스폰서 광고는 배달음식점이 취할 수 있는 아주 유리한 조건들이 많습니다.

첫 번째는 성별, 연령대, 관심사 등 다양한 타킷 광고가 가능합니다. 마라탕은 20~30대의 비교적 젊은층이 많이 찾는 메뉴입니다. 따라서 게시물이 이들에게만 노출되도록 설정할 수 있습니다.

두 번째는 거리 설정이 가능합니다. 대구에서 제일 유명한 배달 맛집이라 하더라도 부산으로는 배달되지 않습니다. 따라서 부산에 있는 사람에게 광고를 하는 것은 의미가 없습니다. 인스타그램 스폰서 광고는 지역의 노출 범위 설정이 가능하기 때문에 불필요한 광고비가 발생하지 않습니다.

세 번째는 영업시간에 맞춰 운영이 가능합니다. 가게가 영업하지 않는 시간에 광고가 보여지고 광고비가 지출되는 것은 비효율적입니다. 인스타그램 스폰서 광고는 영업시간에만 광고가 노출되도록 설정할 수 있습니다.

이렇게 인스타그램은 배달앱과 연결이 가능하며 광고 효율이 좋은 스폰서 광고까지 할 수 있기 때문에 배달음식점은 필수적으로 인스타그램 계정을 운영하는 것이 좋습니다.

| 지역 커뮤니티 활용하기

'맘카페'로 대변되는 지역 커뮤니티는 파급력이 큽니다. 이곳에서 얼마나 좋은 평을 듣는지에 따라 매출이 급격하게 늘거나 줄어들 수도 있습니다. 그렇기 때문에 지역 커뮤니티에 접근할 때는 늘 신중해야 합니다.

커뮤니티에 글을 올리기 위해서는 3가지 방법이 있습니다.

첫 번째는 회원가입 뒤 직접 글을 올리는 방법입니다. 사실 많은 지역 커뮤니티는 홍보 글을 차단하고 있어 제약이 따릅니다. 하지만 해당 지역 커뮤니티에 홍보 글 게시가 가능하다면 주 1회 정도 글을 올려주는 것이 좋습니다.

두 번째는 제휴 업체로 등록하는 방법입니다. 일부 지역 커뮤니티는 제휴 업체로부터 일정 부분 수수료를 받고 노출해주는 경우가 있습니다. 만약 운영 규모가 큰 배달음식점이라면 제휴를 하는 것도 하나의 방법입니다. 다만 수수료가 비싸다면 다른 마케팅 방법을 찾는 것이 좋습니다.

세 번째는 리뷰어 활용하기입니다. 프리랜서 마켓인 '크몽'이나 '숨고' 등에는 일정 금액을 받고 지역 커뮤니티에 홍보 글을 작성해 주는 리뷰어들이 있습니다. 이들을 이용하면 조금 더 전문적인 홍보 글을 작성할 수 있습니다. 하지만 과도하게 활용할 경우 반감을 살 수 있으니 적정선을 지키는 것이 좋습니다.

지역 커뮤니티는 파급력이 크기 때문에 주의할 점도 있습니다.

첫 번째는 개업 초기에는 홍보를 하지 않는 것이 좋습니다. 개업을 하면 빨리 주문을 받고 싶은 마음에 지역 커뮤니티에 홍보하는 경우가 있습니다. 지역 커뮤니티는 파급력이 크기 때문에 홍보가 잘 됐을 경우에는 주문이 밀려드는 경험을 할 수 있습니다. 문제는 이에 대한 대응입니다. 수년간의 장사 경험으로 숙련도가 높아 주문을 빨리 처리할 수 있다면 문제없지만 대부분은 그렇지 못합니다. 그래서 갑자기 주문이 몰리면 음식의 질이 떨어지고 배달 속도도 느려져 고객에게 만족을 주지 못하면 고객을 영영 잃어버리고 맙니다. 따라서 개업 초기에 홍보하는 것보다 어느 정도 경험을 쌓고 조리 숙련도도 높아진 시기에 지역 커뮤니티 홍보를 시작하는 것이 좋습니다.

두 번째는 과도한 홍보는 오히려 독이 돼 돌아올 수 있음을 명심해야 합니다. 선거철 우리를 가장 짜증나게 하는 부분은 후보들의 과도한 스팸 메시지와 전화입니다. 욕심에 눈이 먼 나머지 적정선을 지키지 않기 때문에 짜증이 나는 것입니다. 지역 커뮤니티 광고도 마찬가지입니다. 파급력이 큰 만큼 적정선을 지키는 것이 좋으며 적정선을 지키지 못한다면 광고가 아니라 오히려 반감을 불러일으킬 수 있습니다. 따라서 주 1회 이상의 과도한 노출은 지양하는 것이 좋습니다.

다시 말하지만 지역 커뮤니티는 즉각적인 반응을 보이며 파급력이 큰 홍보 매체입니다. 그렇기 때문에 충분히 고민하고 준비가 됐을 때 노출하는 것이 좋습니다.

| 당근마켓 활용하기

당근마켓은 2022년 8월 기준 누적 가입자 수가 약 3,140만 명에 이르며 월간 활성 이용자 수가 1,800만 명 수준의 대형 플랫폼입니다.[11] 중고 물품 거래 플랫폼이지만 사업자라면 당근마켓을 통해 다양한 광고를 할 수 있으며 배달음식점도 예외는 아닙니다.

앞서 소개한 인스타그램이 일상적인 광고를 할 수 있다면 당근마켓은 이벤트성으로 활용하는 것이 좋습니다. 예를 들어 설명해보겠

11] "당근마켓, 27개월 연속 '쇼핑앱 신규설치' 1위" (디지털타임스, 2022년 8월 31일)

습니다. 대구에서 당근마켓을 통해 닭강정을 판매하는 배달음식점 사장님의 지역에는 크게 A, B, C 3개의 동네가 있습니다. 그리고 사장님은 당근마켓을 통해 이 3개의 동네에 3일마다 이벤트를 진행합니다. 10월 1일은 A동네, 10월 4일 B동네, 10월 7일은 C동네, 10월 10일은 A동네 같은 식입니다. 그리고 이벤트 내용은 다음과 같습니다.

10월 1일 A동네 닭강정 무료 배달 이벤트를 진행합니다!

9월 28~30일까지 A동네 주민들은 당근마켓을 통해 신청 가능합니다.

닭강정은 10월 1일 15~17시 사이에 배달되며 감자튀김은 서비스입니다.

배달은 배달 대행사와 미리 연락해 2~3명 정도의 배달 라이더를 확보한 뒤 일괄적으로 배달하면 됩니다.

당근마켓을 활용하면 다음과 같은 장점이 있습니다.

첫 번째는 원하는 동네에 노출이 가능하다는 점입니다. 인스타그램과는 조금 다르지만 행정동을 선택해 노출이 가능하기 때문에 불필요한 지출이 발생하지 않습니다.

두 번째는 노출 성과를 확인할 수 있다는 점입니다. 배달의민족 울트라콜 광고는 노출 수에 관계없이 월 88,000원(부가세 포함)이 부과됩니다. 서울이나 광역시 등 노출 수가 많은 곳은 유리하지만 지방의 변두리 지역은 노출 수 자체가 적기 때문에 불리할 수밖에 없습니다. 하지만 당근마켓은 노출된 만큼만 광고비가 차감되기 때문에 유리한 면이 있습니다.

세 번째는 경쟁자가 없다는 점입니다. 배달앱은 수많은 경쟁자 사이에서 고객의 선택을 받아야 합니다. 하지만 현재도 당근마켓을 이용하는 배달음식점은 매우 적습니다. 따라서 독점적으로 고객에게 어필할 수 있고 고객의 선택을 받을 가능성도 높습니다.

▌ 네이버 블로그 활용하기

개인 사업을 하는 사람은 필수적으로 활용할 수밖에 없는 플랫폼입니다. 사실 네이버 블로그를 배달음식점 마케팅에 활용하는 것은 인스타그램, 지역 커뮤니티와 달리 폭발적인 반응을 이끌어내기는 힘듭니다. 그 이유는 네이버에서 배달음식점에 대한 정보를 얻었다고 하더라도 배달앱 접속, 주문 등의 과정을 거치는 동안 고객 이탈이 많이 발생할 수 있기 때문입니다. 또한 네이버를 통해 소위 말하는 '맛집'을 검색하는 이유는 대체적으로 홀매장을 방문하기 위한 목적이 더 크기 때문에 실제 주문으로 연결될 확률은 다른 매체에 비해 낮습니다. 그럼에도 불구하고 네이버 블로그를 활용하면 좋은 이유는 다음과 같습니다.

첫 번째는 다양한 정보를 제공할 수 있습니다. 고객이 배달앱을 통해 주문할 때 가장 많이 참고하는 것이 다른 고객들의 리뷰입니다. 하지만 대부분의 리뷰는 아주 간단하거나 본인의 느낌 위주로 작성돼있기 때문에 제대로 된 정보를 얻기에 힘든 부분이 있습니다. 배달음식점 사장님도 배달앱의 한정된 공간에서 고객들에게 다양한 정보를 전달하기는 힘듭니다. 이 점을 네이버 블로그가 보완해 줄 수 있습니다. 다양한 텍스트와 사진, 동영상까지 들어간 블로그 글을 본다면 고객은 제대로 된 정보를 얻을 수 있고 또 사진과 동영상을 보는 동안 식욕이 생겨 주문으로 이어질 수도 있습니다.

두 번째는 포장 고객이 늘어나는 효과가 있습니다. 앞서 네이버 블로그는 배달앱 접속, 주문 등의 과정을 거치기 때문에 고객의 이탈이 많을 수 있다고 했습니다. 하지만 블로그 글에 매장 전화번호를 눈에 띄게 작성해놓는다면 일부 고객은 배달앱으로 주문하는 번거로운 과정을 거치지 않고 직접 전화를 해서 포장 주문을 요청할 수도 있습니다. 포장 고객은 배달앱 수수료와 배달 대행비 등이 절감돼 마진율도 좋은 편이라 배달음식점 입장에서는 감사한 주문입니다.

그렇다면 네이버 블로그 홍보를 위해서는 어떻게 해야 할까요? 우선 네이버 블로그의 노출 원리에 대해 어느 정도 이해하고 있어야 합니다. 네이버 블로그의 노출 기준이 어떻게 되는지, 어떤 키워드를 선택해야 하는지, 어떤 정보를 담아야 하는지 등을 알기 위해 최소한의 시간 투자는 필수입니다.

네이버 블로그에 대해 어느 정도 이해했다면 마케팅 업체를 통해 네이버 블로그 체험단을 활용할 것인지, 네이버 블로거를 직접 섭외할 것인지 결정해야 합니다.

마케팅 업체를 통한 네이버 블로그 체험단 활용은 비교적 많이 이용하는 방법입니다. 사업주가 마케팅 업체에 일정 금액을 지불하면 마케팅 업체에서는 해당 지역 블로거를 섭외합니다. 사업주가 블로거에게 무상으로 음식을 제공하면 블로거는 본인의 네이버 블로그와 배달앱에 리뷰 등의 글을 남기는 형태로 진행됩니다. 사업주 입장에서는 비용만 부담하면 다른 것들은 신경 쓰지 않아도 되기 때문에 편리한 방법입니다.

네이버 블로거를 직접 섭외하는 방법은 비용은 들지 않지만 사업주의 노력이 필요합니다. 우선 사업주는 광고하고자 하는 지역에서 활동 중인 네이버 블로거를 찾아야 합니다. 이들에게 일일이 쪽지를 보내 사연을 설명하고 무상으로 음식을 제공함으로써 네이버 블로그와 배달앱에 리뷰 등의 글을 남겨줄 것을 부탁해야 합니다. 다소 품이 드는 일이지만 블로거와 친밀도가 형성돼 차후에도 관계를 유지할 수 있다는 장점이 있습니다.

네이버 블로그로 홍보를 할 때 주의해야 할 점도 있습니다.

첫 번째는 사업주가 직접 네이버 블로그를 운영하는 것은 지양하는 것이 좋습니다. 앞서 말한 대로 네이버 블로그에 대해 공부했으면 키워드를 선택하거나 노출시킬 수 있는 스킬은 생길 수 있습니다. 하지만 홀매장이 아닌 배달음식점은 네이버 블로그보다 더 훌륭한 홍보 매체가 많기 때문에 블로그를 운영할 시간이 있다면 다른 마케팅 채널을 활용하는 것이 효과적입니다.

두 번째는 매장의 청결 문제에 대해 고민해야 합니다. 네이버 블로그를 통해 홍보하게 되면 포장 고객이 늘어나는 효과가 생긴다고 했습니다. 포장 고객은 매장을 방문할 수밖에 없기 때문에 매장이 청결하지 못하다면 굳이 네이버 블로그로 홍보해서 고객을 매장으로 불러올 필요가 없습니다.

인스타그램, 지역 커뮤니티, 당근마켓과 달리 네이버 블로그 홍보는 필수가 아니라 선택적으로 운영하는 것이 좋습니다. 다른 홍보 매체들보다 효과가 떨어지며 비용적인 부담도 있습니다. 또한 매장 청결 문제 등 신경 써야 할 것도 많습니다. 하지만 사업주가 색다른 아이디어와 마인드로 접근한다면 효과적인 마케팅 채널이 될 수도 있으니 충분히 고민한 뒤 결정하는 것이 좋습니다.

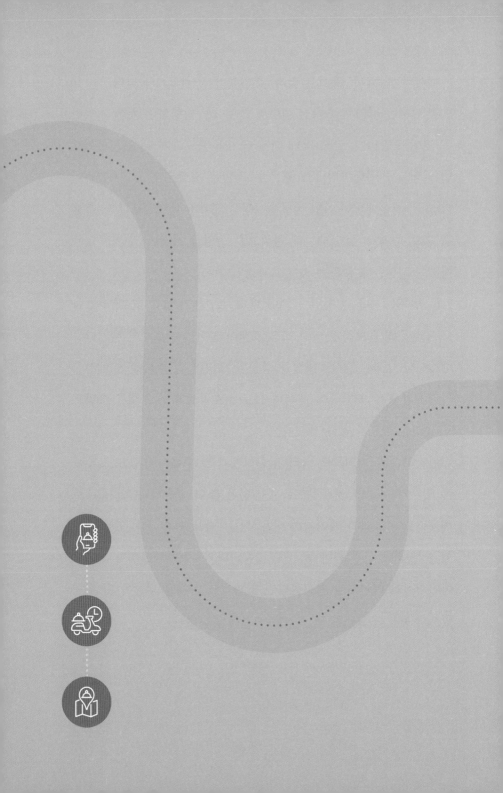

3장

배달앱의
클릭 수 향상 비법

01

클릭을 하는 고객의 심리 이해하기

　배달앱에 있는 배달음식점은 온라인 쇼핑몰 개념입니다. 배달앱으로 주문하는 고객이 어떤 경로를 통해 주문을 하는지 모르겠다면 온라인 쇼핑을 하는 고객이 어떤 경로를 통해 주문을 하는지 살펴보면 도움이 됩니다. 지금부터 고객의 심리를 알아보기 위해 우리가 온라인 쇼핑몰에서 신발을 구매한다고 가정해보겠습니다.

　온라인 쇼핑몰에서 신발을 구매하기 위해서는 먼저 포털사이트에서 '신발'로 검색을 합니다. 그러면 수많은 제품들이 보이는데, 이렇게 보여지는 것이 노출입니다. 그리고 상위나 특별한 위치에 노출되기 위해서는 별도의 비용이 필요합니다. 앞서 말했던 배달의민족 오픈리스트, 요기요 우리동네 플러스, 쿠팡이츠 광고와 동일한 개념입니다.

그렇다면 이렇게 많이 노출된 제품들 중 사람들은 어떤 제품을 클릭할까요? 사람마다 클릭하는 기준은 다릅니다. 어떤 사람은 제일 상위에 있는 제품부터 클릭하고 어떤 사람은 사진이 특별한 곳을 클릭하며 어떤 사람은 가격이 가장 저렴한 제품을 클릭합니다.

[도표 3-1] **포털사이트 '여름 신발' 검색 예시**

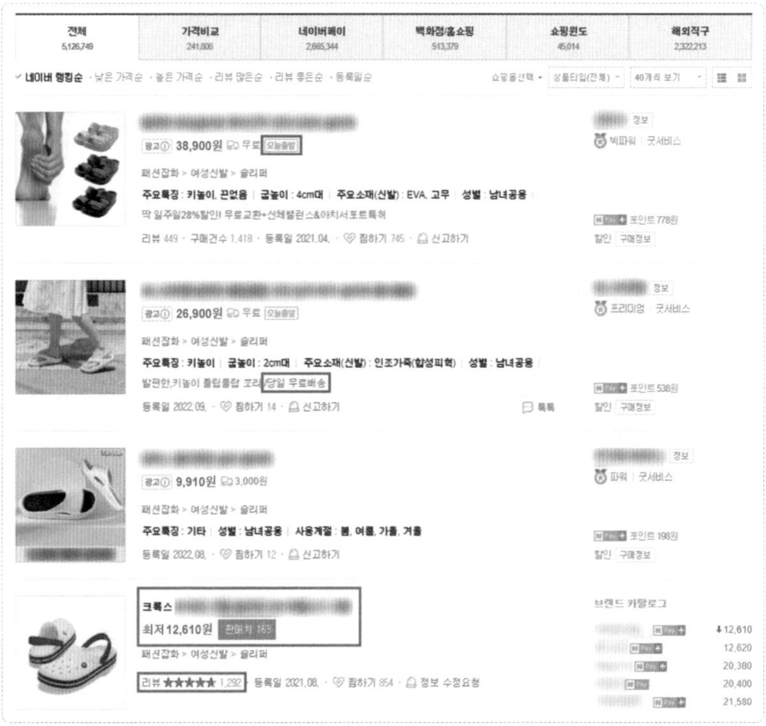

출처 : 네이버

[도표 3-1]은 네이버에서 '여름 신발'로 검색했을 때 나타나는 제품들입니다. 어떤 사람은 이 중 첫 번째 제품이 가장 위에 있으며 '오늘출발'이라는 혜택을 보고 클릭할 것입니다. 또 어떤 사람은 두 번째 제품에 '당일 무료배송'이라는 혜택이 있어 클릭할 수도 있으며, 어떤 사람은 네 번째 제품은 본인이 잘 알고 있는 '크록스'라는 브랜드에 가격도 저렴하고 리뷰도 많기 때문에 이 제품을 클릭할 수도 있습니다. 이처럼 고객은 자신의 취향에 따라 클릭을 하기 때문에 고객이 클릭하는 것에는 기준이 없다고 생각할 수 있습니다.

하지만 자세히 살펴보면 클릭을 하기 위해 꼭 해야 하는 행동이 있습니다. 제품이 보여지는 사진, 제품명, 가격, 기타 등—이 모든 것들을 묶어 '썸네일'이라는 용어로 통일하겠습니다—의 정보를 보고 고객이 잠시라도 '멈칫'하는 것입니다.

여기서 멈칫한다는 것은 해당 제품에 특별한 혜택이 있는 것처럼 보여 고객이 썸네일을 찬찬히 훑어보는 것을 말합니다. 위의 예시를 보면 오늘출발, 당일 무료배송, 유명한 브랜드, 저렴한 가격, 많은 리뷰 등이 고객에게는 일종의 혜택으로 느껴질 수 있기 때문에 고객은 잠시 멈칫하고 그 제품을 살펴보는 것입니다. 그리고 고객에게 이런 멈칫하는 순간을 제공하는 것이 클릭률을 올리는 핵심입니다.

[도표 3-2] 배달의민족 썸네일 노출 예시

출처 : 배달의민족

　[도표 3-2]와 같이 ①~⑤번 가게가 하나의 카테고리에 노출돼있다고 가정해보겠습니다. 어떤 가게의 클릭률이 가장 높을까요? 이역시도 지역, 업종, 메뉴, 가격대에 따라 다를 수 있지만 제 경험상①번 가게가 클릭률이 높을 것으로 보이며 이어서 ⑤, ④번 순서로비슷하며 ②, ③번이 가장 낮을 것으로 예상됩니다.

그 이유는 ①번은 로고 바탕색이 검정색으로, 다른 곳에 비해 눈에 띄며 로고에 '뽈찜'이라고 명확하게 명기해 고객들이 직관적으로 선택할 수 있도록 했습니다. 또한 '쿠폰' 마크가 있어 고객에게 혜택이 있는 것처럼 보이게 했고 별점과 리뷰 수도 높습니다.

⑤번의 경우 로고 바탕색이 주변과 비슷한 흰색이라 눈에 띄지 않고 '카메'라고 직관적인 단어를 사용했지만 음식과는 무관한 단어입니다. 그렇지만 쿠폰 마크가 있어 고객에게 혜택이 있는 것처럼 보이게 했고 별점과 리뷰 수가 높은 장점이 있습니다.

④번의 경우 로고 바탕색이 다른 곳과는 차별화돼있어 눈에 띄고 '김밥'이라고 직관적으로 명기하는 것은 좋았으나 김밥 글자가 조금 작아 크게 눈에 띄지는 않습니다. 별점은 좋으나 리뷰 수가 아직 50+로 부족한 것이 감점 요인입니다.

②, ③번의 경우 로고 바탕색을 비롯한 모든 항목에서 눈에 띄는 부분이 없습니다. 따라서 고객이 멈칫할 수 있는 순간을 제공하지 못하기 때문에 클릭률이 낮을 것으로 예상됩니다.

그렇다면 클릭률을 높이기 위해 고객이 멈칫할 수 있는 순간은 어떻게 만들어야 할까요?

고객의 클릭을 유도하는 로고

우선 로고부터 살펴보겠습니다. 과거에 저는 로고로 사용해야 할 색상과 사용하지 말아야 할 색상이 있다고 생각했습니다. 하지만 그런 트렌드는 이제 사라졌습니다. 그 이유는 배달음식점을 운영하는 사장님들 모두가 특별함을 추구하고 있기 때문입니다.

쉽게 설명하기 위해 온라인 쇼핑몰의 예를 들어보겠습니다. 네이버에서 '고구마'라고 검색했을 때 이전에는 썸네일에 갓 수확한 고구마의 사진만 있었습니다. 그러다 어떤 판매자가 썸네일에 갓 수확한 고구마가 아닌 군고구마 사진을 올렸고 이는 다른 고구마의 썸네일과는 차별화돼 많은 클릭을 유도했습니다. 이를 본 다른 판매자들도 점차 썸네일을 군고구마 사진으로 바꾸게 됩니다.

이후 거의 모든 판매자들이 군고구마 사진을 썸네일로 올릴 때 또 어떤 판매자는 고구마를 가슴에 안고 있는 사진을 썸네일로 올립니다. 이는 다른 군고구마 썸네일과는 차별화돼 많은 클릭을 유도했습니다. 이를 본 다른 판매자들도 점차 썸네일을 고구마를 가슴에 안고 있는 사진으로 바꾸게 됩니다.

이후 거의 모든 판매자들이 고구마를 가슴에 안고 있는 썸네일로 올릴 때 또 어떤 판매자는 갓 수확한 고구마 사진을 썸네일로 올립니다. 이는 고구마를 가슴에 안고 있는 다른 썸네일과는 차별화돼 많은 클릭을 유도했습니다. 이를 본 다른 판매자들도 점차 썸네일을 갓 수확한 고구마 사진으로 바꾸게 됩니다.

이해가 되나요? 기존에는 '썸네일에 사용해야 하는 색상이 명확했다'라면 지금은 다른 경쟁사와의 차별화가 가장 중요합니다. 배달음식점 역시 마찬가지입니다. 배달앱의 음식 카테고리에 들어가 경쟁 업체를 살펴보면서 본인 가게가 고객의 눈에 가장 띌 수 있는 색상을 로고의 바탕색으로 결정하는 것이 좋습니다. 다만 스마트폰의 바탕이 흰색인 경우가 많기 때문에 여전히 흰색은 피하는 것이 좋습니다.

로고에 들어가는 내용도 중요합니다. 지금까지 제가 컨설팅을 진행하며 클릭률이 가장 높아진 사례는 전북에 있는 죽 전문점이었습니다. 이 죽 전문점 사장님은 이전부터 사용하던 나무가 있는 로고를 사용했는데, 죽과는 전혀 관계없는 로고였습니다. 그래서인지 죽은 특정해서 먹는 메뉴임에도 불구하고 클릭률이 저조했습니다. 그래서 로고를 [도표 3-3]처럼 바꿨더니 놀라운 클릭률 상승이 있었습니다.

[도표 3-3] 클릭률이 상승한 죽 전문점 로고

촌스러워 보일 수도 있습니다. 하지만 우리가 판매하는 것은 음식이지 상호가 아닙니다. 로고는 촌스러워도 됩니다. 그보다 고객을 멈칫하게 해서 클릭을 이끌어내기 위해서는 직관적으로 보여야 합니다. 이는 고객 심리와 연관되는 요소입니다.

배달앱에 접속해 주문을 하는 고객이 어떤 상황일지 생각해본 적 있나요? 그들은 배가 부른 상태에서 배달앱에 접속할까요, 아니면 배가 고픈 상태에서 접속할까요? 대부분의 경우 후자일 것입니다.

인간의 기본 욕구인 식욕이 충족되지 않은 상태입니다. 그렇기 때문에 우리 몸에서 가장 칼로리 소모가 많은 뇌를 가급적 사용하지 않는, 즉 직관적으로 보이는 것만 보려는 경향이 있습니다. 그렇기 때문에 판매하는 메뉴를 로고에서 직관적으로 보여주는 것은 클릭률을 높이는 데 큰 도움이 됩니다.

대부분의 배달음식점 사장님들은 이런 생각을 하지 않고 예쁜 로고를 만드는 데 집중하기 때문에 고객의 클릭을 받을 수 없는 것입니다. 다른 경쟁 업체와는 차별화된 로고 바탕색과 직관적인 메뉴명을 눈에 띄게 적어주는 것이 고객의 클릭을 유도하기 가장 좋은 로고입니다.

고객의 클릭을 유도하는
상호와 혜택

▎상호명 정하기

다음은 상호에 대해 이야기해보겠습니다. 상호도 로고와 마찬가지로 고객의 심리를 감안했을 때 주력으로 판매하는 메뉴를 직관적으로 알려주는 것이 좋습니다.

또한 최근 배달앱들은 인터페이스 개선을 통해 검색 기능을 점차 강화하고 있습니다. 이에 따라 검색에 대한 부분도 중요하게 신경 써야 하며 이를 위해서도 상호에는 대표 메뉴가 직관적으로 포함되는 것이 좋습니다.

아귀찜을 판매하는 배달음식점이 있다고 가정해보겠습니다.

상호 : A아귀찜 / 대표 메뉴 : 아귀찜

상호 : B아귀찜 / 대표 메뉴 : 알곤찜

상호 : C해물탕 / 대표 메뉴 : 아귀찜

고객이 '아귀찜'으로 검색했을 때 가장 높은 순위로 나타나는 가게는 어디일까요? 판매 건수 등 여러 가지 지표가 영향을 줄 수는 있지만 다른 모든 조건이 동일하다고 가정한다면 A아귀찜 가게가 상호와 대표 메뉴에 '아귀찜'이라는 단어가 들어가기 때문에 가장 정확도가 높다고 판단할 수 있습니다. 또한 가장 먼저 노출될 가능성이 높습니다.

| 혜택 활용하기

배달앱을 통해 주문을 하는 고객들에게 주문할 때 가장 중요하게 보는 항목에 대한 설문 조사를 진행했습니다. 결과는 리뷰·가격·배달비·쿠폰 유무·별점·리뷰 수·음식 사진 등으로 나타났는데, 이 중 리뷰·가격·음식 사진 등은 배달앱에서 특정 가게를 클릭했을 때 확인이 가능한 항목이며 배달비·쿠폰 유무·별점·리뷰 수 등은 클릭하기 이전에 확인이 가능하므로 클릭률에 영향을 줄 수 있는 요소입

니다.[12]

이를 토대로 혜택 부분에 대해 이야기해보겠습니다. 과거 혜택 부분은 배달의민족의 경우 신규, 쿠폰, 포장, 매장 등 4가지 영역의 마크가 노출됐으나 현재는 신규와 쿠폰 마크만 노출됩니다. 또한 신규는 빨간색, 쿠폰은 주황색 등 눈길을 사로잡는 색상으로 표시됩니다.

먼저 신규 마크의 경우 배달의민족에 입점한 뒤 3개월간 노출되며 숍인숍도 입점을 하면 신규 마크가 보이게 됩니다. "배달음식점은 3개월 안에 자리 잡아야 한다"라고 말하는 사람들이 있습니다. 하지만 그 이유에 대해 알고 있는 사람은 거의 없습니다. 배달음식점이 3개월 안에 자리를 잡아야 하는 가장 큰 이유는 바로 이 신규 마크 때문입니다.

통상적으로 노출 수 대비 클릭한 비율을 나타내는 클릭률의 경우 3~5% 정도가 됩니다. 하지만 제가 지금까지 수집한 통계자료에 따르면 동일한 조건에서 신규 마크가 있을 때 클릭률은 4~7% 정도가 됩니다. 이는 신규 마크가 고객이 멈칫하는 순간을 만들었고 그에 따라서 고객이 클릭했음을 의미합니다. 그리고 클릭률이 7% 정도가 되던 배달음식점도 입점 3개월이 지나 신규 마크가 사라지면 클릭률이 5% 정도로 떨어지는 것을 볼 수 있습니다. 이런 이유로

12] 「배달 서비스 트렌드 리포트 2020」 (오픈서베이, 2020년 4월)

배달음식점은 상대적으로 클릭률이 높은 신규 마크가 있을 때 어느 정도 자리를 잡는 것이 좋습니다.

쿠폰의 경우 고객이 주문을 할 때 중요하게 고려하는 요소 중 하나입니다. 고객들은 그동안 배달앱을 통해 음식을 저렴하게 구매하는 것에 익숙해졌으며 앞으로도 할인받기를 기대하고 있습니다. 그런 의미에서 고객에게 쿠폰을 제공하는 것도 클릭률을 올리는 데 큰 영향이 있습니다.

쿠폰을 발급하는 것에는 동의하나 금액을 정하는 데 어려움을 느끼는 사장님들이 많습니다. 메뉴나 음식 가격대에 따라 다르지만 쿠폰을 발급하는 금액대는 '주문이 들어왔을 때 사장님이 기분 좋은 금액'에서 발급하는 것이 좋습니다. 만약 찜 요리를 2만 원(小)부터 판매한다면 4만 원(大) 정도의 주문에는 쿠폰을 발급하더라도 객단가가 나쁘지 않기 때문에 쿠폰을 발급해도 됩니다. 다만 고객의 클릭을 유도하려는 나머지 터무니없이 높은 금액대에 쿠폰을 발급하는 것은 고객기만 행위가 될 수 있어 절대 하면 안 되는 행동입니다.

마지막으로 배달의민족의 '바로사용쿠폰'에 대해 이야기해보겠습니다. 바로사용쿠폰은 배달의민족 일반 광고, 배민1, 포장 주문 모두에 적용되며 노출 조건은 쿠폰 사용 조건 금액이 '최소주문금액' 이하인 쿠폰이 1개 이상 등록된 경우 노출됩니다. 예를 들어 최소주문금액이 1만 원이며 쿠폰이 2만 원에서 발급된다면 기존 쿠폰 마크는 노출되지만 바로사용쿠폰 마크는 노출되지 않습니다. 만약 최소주문금액이 1만 원이며 쿠폰이 1만 원 이하에서 발급된다면 쿠폰 마크와 함께 바로사용쿠폰 마크도 노출됩니다. [도표 3-4]에서 보듯이 바로사용쿠폰 마크는 색이 선명하기 때문에 고객이 인지하기 쉽습니다.

[도표 3-4] 배달의민족 '바로사용쿠폰' 노출 예시

출처 : 배달의민족

하지만 바로사용쿠폰은 클릭률은 대폭 향상시킬 수 있지만 최소주문금액 이하에서 쿠폰을 발급해야 하기에 마진율에 영향을 주게 됩니다. 따라서 기본적으로 객단가가 높은 메뉴이거나 최소주문금액이 높지 않다면 클릭률을 높이기 위해 바로사용쿠폰을 발급하는 것은 마진율에 영향을 줄 수밖에 없습니다. 이런 경우 모든 메뉴의 가격을 조금씩 인상한 뒤 바로사용쿠폰을 발급해 마진율을 지키려는 노력이 필요합니다.

고객의 클릭을 유도하는 기타 항목

| 별점과 리뷰 수 관리하기

어느 배달앱이든 별점은 4.8점 이상을 유지하는 것이 중요하며 개업 초기 지인들을 동원해 별점을 높여놓는다면 크게 떨어질 일은 없습니다. 또한 배달의민족의 경우 리뷰 수는 100+를 최대한 빠르게 만드는 것이 중요합니다. 리뷰 수 100+라는 것은 해당 가게가 충분히 검증됐다는 의미이기 때문입니다. 만약 신규 마크가 있는 입점 3개월이 안 된 가게의 리뷰 수가 100+가 됐다면 고객은 '우리 동네에 새로운 맛집이 생겼구나'라고 인식할 수 있습니다. 개업 초기 지인 찬스를 써서라도 빠르게 리뷰 수 100+를 만드는 것이 중요하며 100+가 됐을 때 매출이 1.5배 정도 증가하는 가게들이 많습니다.

┃ 대표 메뉴명 노출하기

　직관적인 상호만큼이나 중요한 것이 직관적인 대표 메뉴명입니다. 상호와 대표 메뉴가 일치해야 검색에 유리하다는 것은 앞 소단원에서 설명했습니다. 다만 대표 메뉴에 특정한 수식어가 있다면 더욱 좋은 효과를 낼 수 있습니다. 배달의민족에서 볼 수 있는 몇 가지 예시를 보면서 설명하겠습니다.

[도표 3-5] **무난한 대표 메뉴명 예시**

출처 : 배달의민족

　[도표 3-5]는 가장 무난한 형태입니다. 메뉴명이 짧기 때문에 2개의 메뉴가 모두 노출되고 있습니다. 특별할 것은 없지만 메뉴 2개가 모두 보이기 때문에 나쁘지는 않습니다.

[도표 3-6] **과도하게 긴 대표 메뉴명 예시**

출처 : 배달의민족

　[도표 3-6]처럼 메뉴명이 길 경우 이런 형태로 나타나는 곳이 많습니다. 뒤에 있는 '제육+돈…'은 전혀 쓸모가 없는 영역이기 때문에 다른 문구를 써서 나타나지 않도록 하는 것이 좋습니다.

[도표 3-7] **특정 키워드를 강조한 대표 메뉴명 예시**

출처 : 배달의민족

　[도표 3-7]은 메뉴명 맨 앞에 '[맛집랭킹1위]'라는 수식어를 사용하고 있습니다. 주관적인 수식어이긴 하지만 다른 곳에 비해 눈길을 끌 수 있는 요소이기 때문에 나쁘게 보이지는 않습니다.

출처 : 배달의민족

[도표 3-8]은 호불호가 갈릴 수 있습니다. 하지만 선호하는 고객이 더 많을 것이라고 생각합니다. 사용할 만한 수식어가 없다면 '[배달비0원]', '[배달비무료]' 같은 혜택을 고객에게 직관적으로 보여주는 것도 좋습니다.

이렇게 대표 메뉴명을 어떻게 하느냐에 따라서도 클릭률이 달라질 수 있습니다. 가장 좋은 것은 누구나 따라 할 수 없는 수식어가 있는 것입니다. 예를 들어 '30년 전통', '100% 국내산', '72시간 숙성' 같은 수식어들입니다.

▎최소주문금액 설정하기

배달의민족의 경우 최소주문금액이 낮을수록 고객은 메리트를 느끼고 클릭할 가능성이 높아집니다. 개업 초기같이 고객들의 리뷰가 필요할 때는 최소주문금액을 12,000원 이하로 설정해 1인분 카테고리에 노출되도록 하면 좋습니다. 하지만 최소주문금액이 낮아지는 것은 필연적으로 객단가가 낮아질 수밖에 없기 때문에 과도하게 낮은 최소주문금액은 마진율에 부정적인 영향을 줍니다. 따라서 객단가와 마진율을 고려해 최소주문금액을 설정하는 것이 좋습니다.

| 고객 배달비 설정하기

고객 배달비, 즉 배달의민족의 경우 '배달팁'은 고객들이 배달 주문을 꺼리는 이유 첫 번째로 꼽는 항목입니다. 따라서 배달팁은 낮을수록 좋지만 이 역시도 마진율에 영향을 줄 수밖에 없으므로 금액대별, 지역별 배달팁을 설정하는 것이 필수입니다.

다만 배달팁을 설정할 때 주의해야 할 점이 있습니다. 모든 지역에 대해 '추가 배달팁', 즉 동별 배달팁을 부과하면 안 된다는 것입니다. 가까운 동은 추가 배달팁을 부과하지 않고 또 높은 금액에서는 배달팁을 0원으로 설정해야 고객들이 배달팁 '무료'로 정렬했을 때 상위 노출이 가능합니다.

[도표 3-9] 배달의민족 배달팁 설정 예시

출처 : 배달의민족

[도표 3-9]에서 보듯이 주문 금액 39,700원 이상에서 배달팁을 0원으로 설정해놓는 것이 배달팁 무료로 정렬했을 때 상위 노출이 가능하도록 하기 위한 필수 조건입니다. 먼저 이렇게 설정해놓은 뒤 지역별 추가 배달팁을 설정하면 되는데, 앞서 말한 대로 가게와 가까운 동은 추가 배달팁을 부과하지 않는 것이 좋습니다.

이 부분은 여러 번 배달팁을 수정해보고 배달앱을 통해 꼼꼼하게 확인하는 작업이 필요합니다.

| 배달 예상 시간 관리하기

배달앱을 통해 가게에 주문이 접수되면 고객에게 알려지는 배달 시간은 분명 중요한 요소입니다. 하지만 사업주가 컨트롤할 수 없는 부분이 많습니다. 최대한 빠르게 정하는 것이 좋지만 그보다 더 중요한 것은 고객과 약속한 시간을 절대 어기지 않는 것입니다. 음식 조리 시간을 줄일 방법을 강구하고 배달 대행사의 배차 지연 시간을 주기적으로 확인해 최대한 배달 예상 시간을 줄이는 것이 좋습니다.

| 부가 정보 노출하기

마지막으로 배달의민족 앱에서 보이는 부가적인 정보를 노출하는 것입니다. 여기에는 '포장가능', '예약가능', '위생인증' 3가지 마크가 나타납니다. 3가지 중 2가지가 나타나기 때문에 해당되는 것 중 2가지는 꼭 나타날 수 있도록 하면 좋습니다.

[도표 3-10] 배달의민족 부가 정보 노출 예시

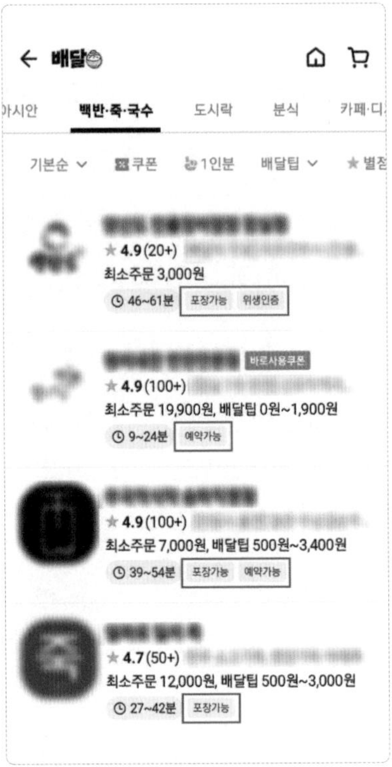

출처 : 배달의민족

 지금까지 고객의 심리를 활용해 클릭을 유도하는 방법에 대해 알아봤습니다. 사실 '어떤 항목을 어떻게 바꿨더니 클릭률이 얼마나 올라갔다'라는 직관적인 통계를 알려주고 싶었습니다. 하지만 그렇게 할 수는 없었습니다. 저에게 컨설팅을 요청한 가게들은 당시 매출이 매우 저조한 상태였으므로 특정한 1가지 항목만 수정한 뒤 유

의미한 데이터를 얻을 때까지 사장님들을 기다리게 할 수는 없었기 때문입니다. 다만 분명한 것은 이렇게 고객의 심리를 활용해 클릭을 유도한 결과 성수기와 비수기에 따라 클릭 수는 변동이 있지만 클릭률은 분명 상승했다는 점입니다.

클릭률을 올릴 수 있는 방법에 대해 배달의민족 앱을 예로 들어 설명했습니다. 배달의민족 앱을 예로 든 이유는 썸네일에 가장 많은 정보를 포함하고 있으며 개념적으로 이해하기가 쉽기 때문입니다. 요기요, 쿠팡이츠 모두 마찬가지입니다. 고객에게 보이는 썸네일이 얼마나 매력이 있는지에 따라 고객의 클릭률은 달라질 수밖에 없습니다. 고객이 '멈칫'할 수 있는 순간을 제공해 클릭률을 올려보길 바랍니다.

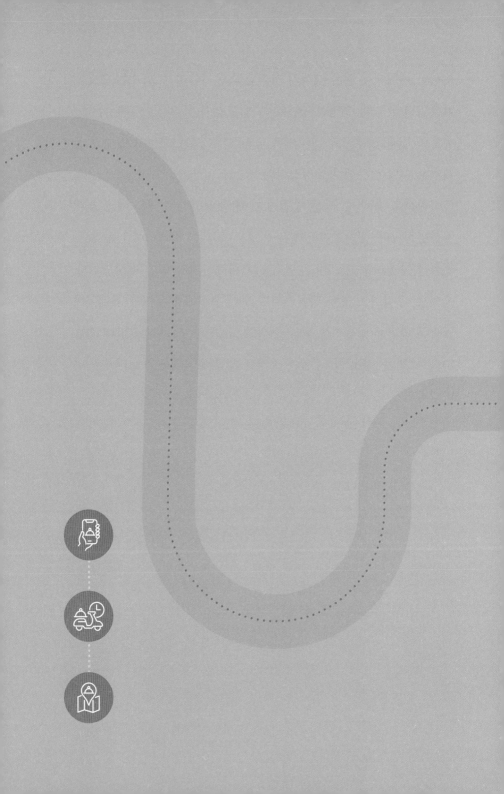

4장

배달앱의
주문 수 향상 비법

01

주문을 하는 고객의 심리 이해하기

배달음식점을 운영하는 사장님들이 가장 중요하게 생각해야 할 부분은 고객의 심리를 활용해 주문을 유도하는 것입니다. 하지만 많은 사장님들이 이 부분을 간과하고 있으며 소위 말하는 전문가들도 이것에 대해 이야기해주지 않습니다.

왜 그럴까요? 어렵기 때문입니다. 현재 배달앱을 보고 있는 고객이 어떤 심리인지 파악해 그들이 필요로 하는 것을 보여줘야 하는데, 대부분은 이런 내용을 생각하는 것을 어려워합니다. 그래서 다른 원인들만 찾고 있으며 원인을 잘못 찾았으니 당연히 결과도 좋을 리가 없습니다.

앞서 노출 수 대비 클릭 수를 의미하는 클릭률을 올리는 법에 대한 부분과 마찬가지로 클릭 수 대비 주문 수를 의미하는 주문전환율을 올리는 법 역시 '어떤 항목을 어떻게 바꿨더니 주문전환율이 얼마나 올라갔다'라는 직관적인 통계를 알려주기는 어렵습니다. 이 역시 매출을 빠르게 올려줘야 하는 상황에서 1가지 항목만 수정해서는 변경된 지표를 추출하는 것이 불가능하기 때문입니다.

하지만 분명한 것은 고객의 심리를 활용해 주문을 유도할 수 있는 배달앱 최적화를 한다면 분명 주문전환율은 상승할 것입니다. 지금부터 주문전환율을 올리는 배달앱 최적화에 대해 이야기하겠습니다.

많은 배달음식점 사장님들이 간과하는 부분이 고객이 보고 싶은 것과 판매자가 보여주는 것이 다르다는 것입니다. 배달음식점도 판매자의 입장이기 때문에 고객의 심리에 기반해 고객이 보고 싶어 하는 것을 보여줘야 합니다. 그리고 고객이 보고 싶어 하는 것을 잘 보여준다면 고객은 빠르게 주문을 할 것이고 주문전환율도 올릴 수 있습니다.

배달앱에 있는 배달음식점은 온라인 쇼핑몰 개념이라고 했습니다. 온라인 쇼핑몰에서 신발을 산다고 가정한다면—모두가 그렇지는 않겠지만—대부분은 다음과 같은 경로로 쇼핑을 합니다.

신발이 필요함(인지) > 특정 제품 클릭(첫 번째 선택) > 제품 훑어보기

(제품 확인) > 리뷰 확인(경험 확인) > 제품 상세 보기(궁금증 해결) > 구매 (두 번째 선택)

배달음식점 역시 마찬가지입니다.

배고픔(인지) > 특정 가게 클릭(첫 번째 선택) > 메뉴, 가격대 확인(제품 확인) > 리뷰 확인(경험 확인) > 메뉴 상세 보기(궁금증 해결) > 구매(두 번째 선택)

고객이 이런 경로로 이동하며 주문한다는 것을 알아야 하며, 따라서 고객이 필요로 하는 정보가 필요한 곳에 있어야 주문으로 이어지는 것입니다. 고객이 필요로 하는 정보가 필요한 곳에 없거나 엉뚱한 곳에 있다면 고객은 주문을 하지 않고 이탈할 확률이 높습니다.

즉, 고객이 필요로 하는 정보가 필요한 위치에 있음으로써 물 흐르듯 정보를 확인하고 최대한 빠르게 주문할 수 있도록 하는 것이 주문전환율을 올리는 핵심입니다. 이런 내용을 바탕으로 주문전환율을 올릴 수 있는 배달앱 최적화 방법에 대해 계속해서 알아보겠습니다.

고객의 주문을 유도하는 텍스트 배치

▎메뉴모음컷 활용하기

[도표 4-1]은 배달의민족 앱에서 특정 가게를 클릭했을 때 가장 먼저 마주하는 화면으로, 상호 위쪽에 '메뉴모음컷'이라는 사진을 넣을 수 있습니다. 사진을 넣은 것과 넣지 않은 것 중 어느 것이 더 유리할지는 말하지 않아도 알 수 있습니다. 최대한 식욕을 자극할 수 있는 사진을 넣어주는 것이 좋습니다.

[도표 4-1] 배달의민족 '메뉴모음컷' 예시

출처 : 배달의민족

┃ 원산지 표기란 활용하기

[도표 4-2]에서 보듯이 배달의민족에서는 '원산지 표기'란에 원산지와 관련된 정보를 명기할 것을 요구하고 있습니다. 그런데 이 원산지 표기란을 뻔한 원산지 관련 내용을 적기보다 조금 더 임팩

트 있는 용도로 활용하면 좋습니다. 고객이 특정 가게를 클릭한 뒤 처음으로 텍스트를 마주하는 영역이기 때문입니다. 이 영역에서 고객이 주문을 해야만 하는 당위성을 만들어줘야 합니다.

[도표 4-2] 배달의민족 '원산지 표기'란 예시

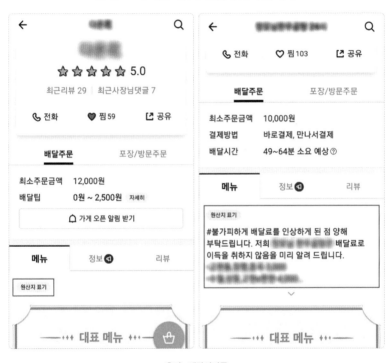

출처 : 배달의민족

[도표 4-2]의 예시는 전형적으로 사장님 입장에서 장사하는 경우에 나타나는 현상입니다. 원산지 표기란을 비워두거나 원산지 표기

란에 문의가 가장 많을 만한 내용인 배달비를 언급하는 것은 고객에게 주문을 해야만 하는 당위성을 전혀 만들어줄 수 없습니다.

드라마 「시크릿 가든」을 생각하면 무엇이 떠오르나요? 저는 "이태리에서 장인이 한 땀 한 땀 만든"이라는 드라마의 시그니처와 같은 대사가 기억에 남습니다. 마찬가지로 이 영역에서 고객의 뇌리에 기억될 만한 본인 가게만의 가치, 철학, 장점 등을 어필해 여기서 주문을 해야만 하는 당위성을 만들어줘야 합니다.

원산지 표기란에 사장님의 이력, 차별화된 재료, 조리 방법의 특별함 등을 찾아 적으면 좋습니다. 한 예로 제가 어느 중국집 컨설팅을 진행했을 때 사장님의 이력을 보던 중 특별한 점이 있었습니다. 그래서 원산지 표기란에 다음과 같이 적었고 이 문구 하나로 여타 중국집과는 다른 장점을 보일 수 있었습니다.

저는 미슐랭 1스타 중국집에서 20년간 근무했던 주방장 출신입니다.

또 다른 예로 돈가스 전문점 컨설팅을 진행했을 때 사장님이 특별한 재료를 사용한다는 사실을 알게 됐고, 차별화된 재료를 사용한다는 것을 알리기 위해 다음과 같은 문구를 적어 장점을 어필했습니다.

저희는 전 세계 상위 0.3%에 해당되는 ○○ 품종을 사용합니다.

또 연어 전문점 컨설팅을 진행했을 때 사장님이 특별한 방법으로 연어를 숙성시킨다는 사실을 알게 됐고, 조리 방법의 특별함을 알리기 위해 다음과 같은 문구를 적어 장점을 강조했습니다.

노르웨이 슈페리얼 등급 생연어를 다시마와 7시간 숙성시켜 사용합니다.

이렇게 사장님의 이력, 차별화된 재료, 조리 방법의 특별함 등을 통해 본인 가게의 가치, 철학, 장점 등을 어필해 고객이 주문해야 할 당위성을 만들어줘야 합니다. 대부분 배달음식점의 주문전환율이 떨어지는 첫 번째 이유는 이 부분에서 당위성을 만들어주지 못하기 때문입니다.

다만 원산지 표기란을 작성할 때 주의해야 할 점이 몇 가지 있습니다.

첫 번째, 3줄 정도만 작성합니다. 배달앱에 접속한 고객은 배가 고픈 상태이기 때문에 과도하게 긴 문장은 읽지 않습니다. 전달하고자 하는 내용만 간략하게 작성해 보여주는 것이 좋습니다.

두 번째, 문장마다 숫자가 하나씩 포함되면 좋습니다. 인간은 본능적으로 텍스트보다 숫자에 민감하게 반응합니다. 위의 제 컨설팅 사례들을 보면 모든 문장에 숫자가 하나씩 포함된 것을 확인할 수 있습니다.

세 번째, 최대한 간략하게 작성합니다. "저는 미슐랭 1스타 중국 집에서 20년간 근무했던 주방장 출신입니다"라는 문장이 원래는 "저는 미슐랭 1스타 중국집에서 20년간 근무했던 주방장 출신으로, 제 음식은 지금껏 느껴보지 못했던 색다른 매력이 있고 많이 먹어도 느끼하지 않으며 남녀노소 누구나 즐길 수 있는 음식입니다"였다면 어떤가요? 전달하고자 하는 바도 제대로 전달되지 않고 긴 문장으로 인해 고객이 이탈할 수 있습니다.

네 번째, 문장간 줄 간격을 둬야 합니다. 가독성 차원에서 문장마다 줄 간격을 둬야 고객이 쉽게 읽을 수 있습니다.

다섯 번째, 고객이 보고 싶어 하는 단어를 사용하는 것이 좋습니다. 냉동 제품을 사용할 수 있는 상태로 만드는 것을 일반적으로 '해동'이라고 부릅니다. 하지만 고객들은 그 행위가 동일하더라도 '숙성'이라는 단어를 보고 싶어 합니다. 이렇게 고객에게 매력이 있을 만한 단어를 긍정적인 언어로 사용하는 것이 좋습니다.

고객의 주문을 유도하는 메뉴

대표 메뉴에 대해 이야기해보겠습니다. 고객은 언제 대표 메뉴를 보게 될까요? 첫 번째는 배달앱에서 특정 가게를 클릭한 뒤 대충 메뉴와 가격대를 훑어볼 때이며, 두 번째는 리뷰까지 확인한 뒤 주문할 마음이 생겼을 때입니다. 특정 가게에 접속해 대충 메뉴와 가격대를 훑어볼 때는 가격에 대한 저항이 낮도록 가급적 객단가가 낮은 메뉴부터 순서대로 보여지는 것이 좋습니다.

이보다 더 중요하게 봐야 할 것은 리뷰까지 확인한 뒤 실제로 주문하기 위해 대표 메뉴를 보고 있는 고객입니다. 이 고객은 앞서 원산지 표기란에 있는 해당 가게의 가치, 철학, 장점 등을 보고 '주문을 해볼까?'라고 생각했을 것이고 또 리뷰를 보며 '리뷰도 좋네'라고 생각했을 고객이기 때문에 주문할 확률이 높습니다. 그리고 이때 사장님은 대표 메뉴 설명을 통해 고객이 선택하기 쉽게 만들어줘야 합니다.

❙ 메뉴 구성란 활용하기

배달앱에서 주문할 때 이 가게에서 주문은 하고 싶지만 어떤 메뉴를 선택해야 할지 몰라 주문하지 않은 경험이 있을 것입니다. 이 것은 인간이 기본적으로 가진 선택 장애 때문이며 메뉴가 많을수록 선택하기를 더욱 어려워합니다. 그래서 주문전환율을 올리기 위해서는 고객이 메뉴를 쉽게 선택할 수 있도록 만들어줘야 하며 그것은 메뉴 구성란의 설명을 통해서 만들어야 합니다.

[도표 4-3]에서 보듯이 '대표 메뉴'에는 메뉴명, 가격, 메뉴 구성 등을 적을 수 있습니다. 하지만 많은 배달음식점 사장님들은 메뉴 구성란을 비워두거나 실제 메뉴의 구성을 적어둡니다. 이는 고객이 쉽게 선택을 하는 데 큰 도움이 되지 않습니다.

[도표 4-3] 배달의민족 메뉴 구성란 예시

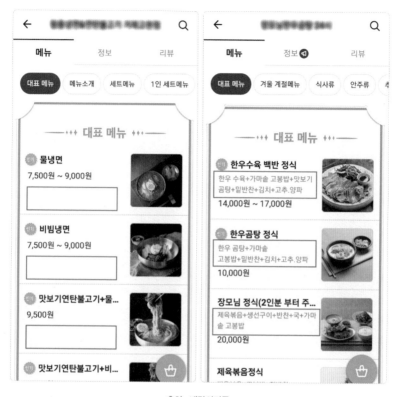

출처 : 배달의민족

다시 온라인 쇼핑몰에서 신발을 구매하는 과정과 비교하면 다음
과 같은 정보만 보여주는 것과 다를 바가 없습니다.

신발 1 : 신발 + 끈 + 깔창 + 박스

신발 2 : 신발 + 끈 2 + 깔창 + 박스

신발 3 : 신발 + 깔창 + 박스

대신 여기에 끌림이 있는 하나의 문장으로 보여주면 어떨까요?

신발 1 : 이효리가 신고 나와 매번 품절된다는 그 신발
신발 2 : 옆집 할아버지가 이 신발 신고 에베레스트산을 올랐대요
신발 3 : 이 신발만 신으면 우리 아이도 동네 인싸

배달음식점 역시 메뉴 구성란에 끌림이 있는 1줄의 문장을 배치함으로써 고객이 마치 '내가 찾던 메뉴야'라고 느끼게 해줘야 합니다.

메뉴 1 : 아직도 로제 먹어 ? 요즘은 자장이 대세야
메뉴 2 : 우리 동네 매운맛 인싸들은 요즘 이걸 먹지
메뉴 3 : 아이들이 줄지어 사가는 그 메뉴

이런 끌림이 있는 문장을 보는 순간 고객은 '내가 찾던 메뉴야'라고 느끼게 될 가능성이 높으며 더 이상 고민하지 않고 메뉴를 클릭해 주문할 가능성이 높습니다.

앞서 말한 원산지 표기란과 메뉴 구성란까지 모두 스스로 만들어내기란 웬만한 전문가라도 어려운 작업입니다. 더군다나 장사까지

해야 하는 사장님들이 해내기에는 더욱 어렵습니다.

그렇다면 포기해야 할까요? 아닙니다. 사장님들은 벤치마킹을 하면 됩니다. 서울의 관악, 신림, 잠실, 송파, 수원의 장안구, 인천의 부평구 등 우리나라에서 배달로 유명한 지역들이 있습니다. 이런 곳으로 주소를 옮긴 뒤 배달의민족의 경우 '맛집랭킹🏆'에서 본인 가게와 동일한 메뉴를 판매하는 곳을 관찰하고 벤치마킹하면 됩니다.

닭갈비 전문점을 창업하고자 전국의 닭갈비 맛집 100곳을 찾아다녔던 창업자가 있습니다. 사장님들은 이 창업자와 마찬가지로 전국에서 배달 잘하는 음식점이 있다면 그 음식점들은 배달앱을 어떻게 관리하고 있는지 벤치마킹하면 됩니다. 그러다 보면 스스로 문구를 만드는 능력이 길러질 것입니다.

┃ 메뉴 상세 화면 활용하기

[도표 4-4]는 배달의민족 앱에서 메뉴를 클릭했을 때 나타나는 화면입니다.

입맛대로 2가지

| 가격 | 14,900원 |

죽 선택 1

- 흰죽 +1,500원
- 신선함 가득 야채죽 +1,500원
- 원픽 한우소고기죽 +1,500원
- 영양만점 닭죽 +1,500원

[맛집랭킹1위]물냉면

양념장 소량 들어갑니다.

가격

- 기본 8,000원
- 곱배기 9,500원

(냉면)추가메뉴 (최대 4개)

- 냉면육수 추가 +1,000원

출처 : 배달의민족

이 화면을 보고 있는 고객은 어떤 상태일까요? 배가 고파 배달앱에 접속했고 여러 경로를 통해 특정 가게를 선택했으며 이 가게의 가치, 철학, 장점 등을 보고 다른 고객들의 리뷰를 확인한 뒤 메뉴의 끌림이 있는 문장을 읽고 특정 메뉴를 선택했을 것입니다. 즉, 이제 사소한 궁금증만 해결되면 주문으로 이어질 상태입니다. 여기서 사소한 궁금증이란 양, 맵기, 구성, 어울리는 토핑 등입니다.

하지만 [도표 4-4]에서 보듯이 대부분의 배달음식점은 이런 설명이 빠져 있거나 사장님 주관으로 작성돼있습니다. 신발의 경우도 사이즈를 'M/ L/ XL'라고 하면 선택하기가 어렵습니다. 'M(230~240mm)/ L(250~270mm)/ XL(280~300mm)'라고 구체적으로 설명이 돼있어야 쉽게 선택할 수 있습니다.

마찬가지로 요리를 '소/ 중/ 대'로 주관적인 기준으로 나누고 있다면 무게나 인분 수를 표기해서 누구나 쉽게 알 수 있도록 해줘야 합니다. 또한 맵기도 사장님 주관대로 '안 맵게/ 보통/ 약간 매운맛' 등으로 표기하는 경우가 대다수인데, 이때도 누구나 알 만한 '신라면'이나 '불닭볶음면' 등의 맵기를 기준으로 '매운맛(신라면보다 조금 더 매워요)'같이 구체적으로 표기해줘야 고객이 쉽게 선택할 수 있습니다.

구성 또한 마찬가지입니다. 전체적인 구성이 동일하기에 원산지 표기란에만 전체적인 구성을 적어놓은 곳이 많습니다. 하지만 고객은 그 구성을 일일이 기억하지 못하기 때문에 메뉴를 클릭했을 때 나타나는 화면에도 적어놓는 것이 좋습니다. 어울리는 토핑이나 곁들여 먹을 수 있는 메뉴도 제시한다면 객단가를 높일 수 있는 장점이 있습니다.

메뉴 상세 화면에서 고객이 필요로 하는 사소한 궁금증에 대한 해답이 모두 표기돼있다면 바로 주문으로 이어지게 됩니다. 하지만 이 사소한 궁금증이 해결되지 않는다면 고객은 뒤로 가기를 눌러 필요한 정보를 찾게 되고 이런 행동이 반복되거나 정보를 찾을 수 없다면 고객은 주문을 포기해버립니다. 그렇기 때문에 이 화면에는 고객이 필요로 하는 사소한 궁금증에 대한 모든 정보를 표기해줘야 합니다.

고객의 주문을 유도하는 정보

배달의민족 앱 각 가게의 '정보' 탭의 '가게 소개'란을 살펴보겠습니다. 가게 소개란에는 사진이나 영상을 최대 4개까지 보여줄 수 있어 시각적으로 식욕을 자극해 고객의 주문을 빠르게 유도하는 것이 핵심입니다.

최대 4개의 사진과 영상 중 사진 2장, 영상 2개를 올리는 것을 추천합니다. 사진으로는 배달음식점의 핵심 요소 중 하나인 청결을 보여주는 것이 좋습니다. 깨끗한 주방 사진, 조리 도구를 소독하는 사진 등 직접적으로 청결을 보여주는 것도 좋으며 배달 라이더 전용 손 소독제를 비치한 것을 촬영해 올리는 것도 좋습니다. 나머지 사진 1장은 본인 가게가 매스컴에 소개됐거나 특별히 강점이 있는 부분을 촬영해 올리면 됩니다.

[도표 4-5] 배달의민족 '가게 소개'란 예시

출처 : 배달의민족

특히 중요한 것은 영상입니다. 일부 사장님들은 영상만 4개를 올리는 경우도 있는데, 이럴 경우 시선이 분산돼 오히려 효과가 떨어질 수 있기 때문에 최대 2개까지만 올리는 것을 추천합니다. 영상은 GIF 파일로 변환 시 배달의민족 앱에서 자동 재생됩니다.

영상은 식욕을 자극하는 데 방점을 둬야 합니다. 즉, 판매하는 음식의 가장 먹음직스러운 순간을 영상으로 촬영해 올리면 됩니다.

가령 닭볶음탕을 판매한다면 붉은 양념 사이에서 속이 꽉 찬 닭의 속살이 갈라지는 장면, 죽을 판매한다면 하얀 죽 한 숟가락에 장조림 한 점이 얹어지는 장면같이 고객의 식욕을 자극하는 영상이면 됩니다.

취급하는 음식이 따뜻한 음식일 경우 김이 모락모락 나는 장면이 인상적이며, 차가운 음식일 경우 얼음이 보이거나 물방울이 맺힌 장면이 인상적입니다. 매운 음식일 경우 새빨간 양념이 인상적일 수 있습니다.

만약 이런 부분을 파악하지 못하겠다면 동일한 메뉴를 취급하는 대형 프랜차이즈들이 어떻게 광고하는지 찾아보면 됩니다. 만약 보쌈을 판매한다면 대형 프랜차이즈 브랜드인 '원할머니보쌈족발'이 광고를 통해 어떻게 고객의 식욕을 자극하는지 확인한 뒤 가능한 부분을 벤치마킹하면 됩니다.

사진과 영상이 들어가는 아랫부분에는 사장님이 고객들에게 전하고 싶은 말을 적으면 됩니다. 이 부분은 고객들이 크게 보지 않는 부분이라 중요도는 떨어집니다.

05

고객의 주문을 유도하는 리뷰

배달의민족 앱 각 가게의 '리뷰' 탭에 대해 알아보겠습니다. 리뷰 탭에는 '사장님 공지', '사장님 한마디', 리뷰 답글 등 총 3가지의 관리 포인트가 있습니다.

┃ 사장님 공지란 관리하기

사장님 공지란은 리뷰 이벤트와 관련된 공지를 올리는 부분입니다. 고객들은 이미 리뷰 이벤트 상품을 하나의 사이드 메뉴라고 생각하기 때문에 리뷰 이벤트가 없는 가게는 상대적으로 주문전환율이 떨어질 수밖에 없습니다. 따라서 리뷰 이벤트는 특별한 이유가 없는 한 필수적으로 운영해야 합니다.

[도표 4-6] 배달의민족 '사장님 공지'란 예시

출처 : 배달의민족

[도표 4-6] 같은 배너를 만드는 가게들도 많습니다. 사장님 스스로 이런 배너를 만들 수 있다면 좋습니다만 비용을 지불하고 누군가에게 의뢰해야 하는 상황이라면 굳이 비용을 들이지 말고 고객들에게 실제 제공될 리뷰 이벤트 음식을 먹음직스럽게 촬영해서 올리

는 것이 훨씬 더 도움이 됩니다. 사장님 입장에서는 보기 좋은 배너가 있는 것이 깔끔해 보일 수 있지만 고객들은 실제 본인이 먹게 될 음식이 보이는 것에 더 끌릴 수 있기 때문입니다.

사장님 공지란에 글을 쓸 때 주의해야 할 점이 몇 가지 있습니다.

첫 번째는 부정적인 단어 사용하지 않기입니다. 이는 사장님 공지란뿐만 아니라 배달앱의 모든 부분에 해당됩니다. 가령 'ID 미기재 시 리뷰 이벤트 상품은 제공되지 않습니다'라는 문구는 'ID 기재 시 리뷰 이벤트 상품이 제공됩니다'라고 바꾸는 것이 좋습니다.

두 번째는 고객 나누지 않기입니다. '18,000원 미만 주문 시 리뷰 이벤트 상품은 제공되지 않습니다'라는 뉘앙스의 문구를 종종 봅니다. 이는 고객을 나누는 것처럼 보이기 때문에 좋지 않습니다.

세 번째는 길게 쓰지 않기입니다. 주문전환율을 올리는 핵심은 고객이 최대한 빠르게 주문하도록 하는 것입니다. 리뷰 이벤트와 관련해 너무 많은 텍스트가 있으면 고객은 주문 자체를 포기할 수도 있습니다.

┃ 사장님 한마디 관리하기

제가 컨설팅을 진행했던 가게들 중 비약적으로 매출이 향상된 곳의 공통된 특징이 있습니다. 지금 소개할 사장님 한마디와 5장에서 소개할 단골 고객을 만드는 서비스, 이 2가지를 정말 꾸준히 했던 것입니다.

[도표 4-7] 배달의민족 '사장님 한마디' 예시

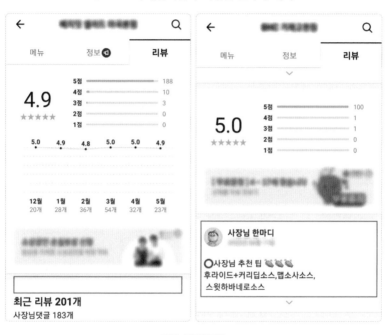

출처 : 배달의민족

사장님 한마디는 매우 중요합니다. 그 이유는 거의 모든 고객들이 배달앱으로 주문하기 위해 다른 고객들의 리뷰를 참고하기 때문입니다. 그리고 다른 고객들의 리뷰를 보기 위해서는 사장님 한마디는 거쳐갈 수밖에 없는 부분입니다. 하지만 이 중요성을 모르는 대부분의 사장님들은 사장님 한마디를 활성화하지 않거나 앞서 언급했던 사장님 공지란과 동일하게 운영하고 있습니다.

저는 이 사장님 한마디를 '고객들의 믿음과 신뢰를 쌓는 공간으로 만들 것'을 추천하며 이것을 잘 수행한 사장님들 가게의 주문 수가 비약적으로 향상된 것도 확인했습니다. 몇 가지 사례와 함께 설명하겠습니다.

육회 전문점을 운영하는 사장님이 있었습니다. 매일 아침 고기를 직접 가져오는데, 이 사실을 배달앱 곳곳에 텍스트로 전달했음에도 불구하고 주변 육회 프랜차이즈에 비해 '고기가 신선하지 못하다'라는 평가를 받고 있었습니다. 컨설팅을 통해 매일 아침 가져온 고기를 촬영하고 시간이 나타나도록 해서 매일 배달앱에 사진을 올렸습니다. 이후 이 육회 전문점의 고기 신선도에 대해 불평하는 고객은 단 1명도 없었습니다.

배달 삼겹살 전문점을 운영하는 사장님이 있었습니다. 매일 아침 돼지고기의 비계를 일정 부분 제거함에도 불구하고 '느끼하다'라는 리뷰가 많았습니다. 컨설팅을 통해 매일 아침마다 비계를 제거한 부분을 촬영하고 시간이 나타나도록 해서 매일 배달앱에 사진을 올렸습니다. 이후 이 배달 삼겹살 전문점의 리뷰에서 '느끼하다'라는 단어는 사라졌습니다.

"백 번 듣는 것이 한 번 보는 것만 못하다"라는 속담이 있습니다. 사장님의 노력하는 모습을 고객에게 보여준다면 고객의 믿음과 신뢰는 차곡차곡 쌓일 것입니다. 그것이 특정한 하루가 아닌 매일이라면 그 믿음과 신뢰는 더 커질 수 있습니다.

'깨끗한 기름에 튀긴다'라는 텍스트보다는 오늘 사용될 기름이 튀김기에 있는 장면을 보여주는 것이 훨씬 좋습니다. '매일 아침 겉절이를 만든다'라는 텍스트보다는 '오늘 고객님들께 제공될 겉절이입니다'라는 문구와 함께 사진으로 보여주는 것이 훨씬 더 좋습니다.

어렵다고 생각할 수 있습니다. 하지만 이 작업을 하는 데 필요한 시간은 하루에 3분이 채 안 됩니다. 하루 3분의 시간 투자로 고객의 믿음과 신뢰를 쌓고 주문으로 이어질 수 있습니다. 다른 어떤 활동도 3분 투자로 이런 성과를 낼 수 없을 것입니다.

'이거 해서 되겠어?'라고 생각하나요? 실제로 제가 컨설팅을 진행하면서도 이런 말을 하는 사장님이 있었습니다. 이런 생각이 든다 하더라도 딱 한 달만 시도해보길 바랍니다. 하루 3분이면 한 달이면 90분입니다. 쓸데없이 허비하는 시간을 조금만 아끼면 되지 않을까요?

제가 이 부분을 특히 강조하는 이유는 실제로 사장님 한마디를 꾸준히 잘 관리한 가게들의 매출이 비약적으로 향상됐고 비수기가 오더라도 매출 감소 폭이 적었기 때문입니다.

또한 이렇게 촬영한 사진은 사장님 한마디에만 사용하는 것이 아니라 인스타그램에도 올리면 좋습니다. 우리는 누군가의 인스타그램에서 그 사람이 1년이라는 시간 동안 동일한 행위를 하는 것을 봤다면 대단하다고 느낄 것입니다. 마찬가지로 사장님이 매일 하는 행위를 인스타그램에 올린다면 그 사진을 본 누군가는 사장님이 대단하다고 느낄 것이며 신뢰를 갖고 주문을 할 수도 있습니다. 로또를 사는 마음으로 올려놓은 사진이 나중에는 아주 큰 변화를 일으킬지도 모릅니다.

┃ 리뷰 답글 관리하기

저 역시도 배달음식점을 운영하며 고객들의 리뷰에 답글을 다는 것에 많은 스트레스를 받았었습니다. 거의 동일한 고객 반응에 늘 다른 답글을 달기가 어려웠기 때문입니다.

답글 달기를 고객의 리뷰에 대한 응답 정도로 생각하는 사장님들이 있는데, 그렇게 생각해서는 안 됩니다. 최대한 리뷰 답글을 활용해 선택 장애가 있는 고객들이 메뉴 선택을 쉽게 할 수 있도록 유도해서 주문전환율을 올려야 합니다. 그러기 위해서는 다음과 같은 형식적인 틀이 필수적입니다.

(인사)	○○○ 고객님, 주문 감사합니다.
(피드백)	아이와 맛있게 드셨을 것을 생각하니 뿌듯한 마음입니다.
(은근한 홍보)	최근 ○○ 메뉴도 아이들에게 인기가 많으니, 다음번에 아이와 한번 드셔보는 건 어떨까요?
(인사)	추운 겨울 감기 조심하세요.

'인사 - 피드백 - 은근한 홍보 - 인사'처럼 4가지 구성의 틀을 만들면 리뷰에 답글을 다는 데 큰 어려움이 없습니다. 그리고 이 리뷰 답글에서 가장 핵심적인 요소는 '은근한 홍보'입니다.

만약 이 리뷰 답글을 아이와 함께 먹을 음식을 주문하려던 고객이 본다면 어떻게 생각할까요? '○○ 메뉴를 아이들이 좋아한다고? 아이가 어떤 것을 좋아할지 고민했는데, ○○ 메뉴를 같이 주문해야겠다'라고 생각하지 않을까요? 100명 중 1명만 이런 생각으로 주문하더라도 주문전환율은 1%가 올라갑니다.

4장의 내용은 본 책의 핵심이라고 할 만큼 중요한 내용입니다. 대부분 들으면 이해할 수 있는 내용이지만 듣기 전에는 쉽사리 떠올리지 못했으리라 생각합니다. 그 이유는 판매를 하는 마음과 주문을 하는 마음이 다르기 때문입니다. 늘 고객의 입장에서 생각해야 합니다. 주변 지인들에게 "배달앱으로 주문할 때 어떤 경로로 주문하니?"라는 물음을 늘 해야 합니다. 그리고 지인들의 답변을 토대로 고객이 원하는 곳에 원하는 것을 보여주는 것이 주문전환율을 올리는 핵심입니다.

다시 한번 말하지만 이런 부분을 모두 만들어주는 것을 저는 배달앱 최적화라고 이야기합니다. 그리고 이렇게 배달앱을 최적화했을 때 주문전환율은 평균적으로 10~15% 정도가 나옵니다. 매일 무언가를 해야 하는 것과 달리 배달앱 최적화는 초기에는 시간이 좀 소요되지만 한 번 세팅만 해놓으면 사장님 한마디 외에는 수정할 것이 없습니다. 꼭 시간을 내 배달앱 최적화를 해보길 바랍니다.

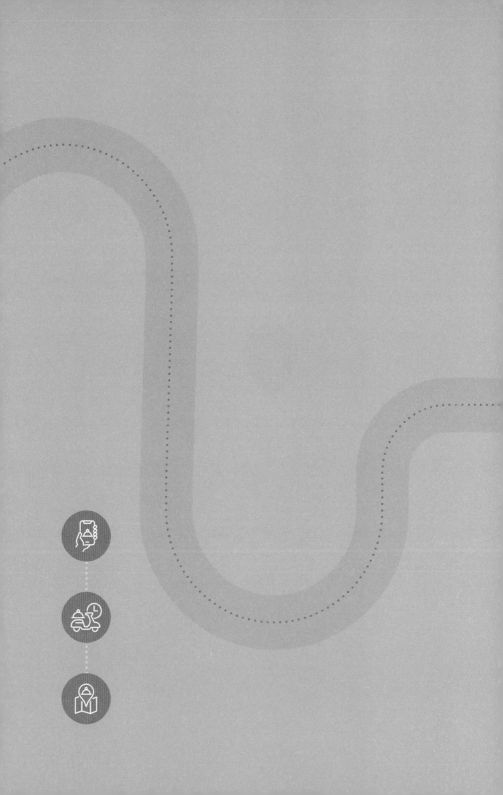

5장

단골 고객을 만드는
서비스

01

배달음식점 서비스의 정의

앞서 배달음식점의 4대 핵심 요소는 맛, 청결, 서비스, 배달 속도 이며 배달음식점으로 성공하기 위해서는 단골 고객이 필수라는 것도 알았습니다. 많은 경우 음식에 대한 만족도는 여성에 의해 결정되며 여성의 음식 만족도는 서비스가 가장 큰 요소임도 알았습니다. 결론적으로 서비스를 통해 여성 고객을 만족시키고 단골 고객으로 만드는 것이 배달음식점으로 성공하는 핵심임을 알게 됐습니다.

그렇다면 어떤 서비스로 고객을 만족시켜야 단골 고객으로 전환될 수 있을까요? 이를 위해서는 먼저 서비스에 대한 개념부터 알아야 합니다.

질문을 하나 하겠습니다. 리뷰 이벤트 상품은 서비스일까요? 배달음식점 사장님들에게 이런 질문을 하면 절반 정도는 "서비스입니다"라고 대답합니다. 하지만 저는 리뷰 이벤트 상품은 서비스가 아니라고 생각합니다. 리뷰 이벤트 상품은 고객이 리뷰를 써주는 대가로 지급하는 것이기 때문입니다.

식당에서 '음식 사진 인스타그램 업로드 시 소주 1병 무료'라는 비슷한 문구들을 흔히 볼 수 있습니다. 실제로 이렇게 인스타그램에 업로드해서 소주를 받아본 사람은 알겠지만 기분이 엄청 유쾌하지는 않습니다. 그 이유는 인스타그램에 업로드한 본인의 노력과 교환한 것이기 때문입니다.

만약 동일한 식당에서 사장님이 손님에게 '오늘 제 생일이라 모든 테이블에 소주 1병씩 드립니다'라고 했다면 어떨까요? 인스타그램에 음식 사진을 업로드해 받은 소주와 동일한 제품이지만 받은 뒤 기분은 완전히 다를 것입니다.

우리는 후자와 같은 서비스를 해야 합니다. 고객에게 무언가를 바라는 것이 아닌 '진심으로 고객을 위한다는 마음'으로 서비스를 해야 고객은 비로소 감동하고 우리 가게를 특별하게 생각하는 단골고객으로 전환될 수 있습니다.

또한 서비스를 했다면 꼭 서비스를 했다는 티를 내야 합니다. 많은 사장님들이 고객에게 알림 없이 서비스 상품을 넣어주고는 고객이 스스로 알아주길 바랍니다. 고객은 말하지 않으면 원래 주는 것인지 서비스인지 알지 못합니다. 그렇기 때문에 서비스를 했다면 꼭 서비스라는 티를 내야 합니다.

　결론적으로 제가 생각하는 서비스란 '고객에게 인지되며 고객에게 어떤 대가를 바라지 않고 지급되는 것'입니다. 그리고 그 서비스는 가급적 스토리라인으로 이어지면 좋으며 스토리라인은 고객이 음식을 먹기 전에 모든 것이 이뤄져야 합니다.

　우리가 '맛'이라고 부르는 것에서 음식의 실제 맛이 차지하는 비중은 30% 정도라고 합니다. 나머지는 당시 기분, 같이 먹는 사람과의 관계, 장소, 심지어 온도와 습도까지도 영향을 준다고 합니다. 그렇기 때문에 배달 주문을 한 고객이 음식을 입에 넣기 전까지의 경험도 당연히 고객의 맛에 영향을 줄 수밖에 없습니다. 좋은 서비스를 했다면 '고객을 이미 내 편으로 만들어놓은 상태'에서 음식을 맛보게 할 수 있는 것입니다.

스토리라인이 있는 서비스

┃ 배달 출발 알림 보내기

고객에게 가장 먼저 하면 좋은 서비스는 배달 출발 시 문자메시지를 보내는 것입니다. 이미 많은 배달음식점에서 하고 있으며 각종 배달앱도 시스템으로 구현했기 때문에 불필요하다고 생각할 수 있습니다. 하지만 이 문자메시지 1통으로 3가지 효과를 기대할 수 있으므로 아직도 유효한 전략입니다.

첫 번째, 문자메시지를 보내면 고객으로 하여금 기다림이 짧게 느껴지게 할 수 있습니다. 배달앱에서 출발 알림을 설정한 이유도 배달 라이더가 출발했음을 알림으로써 기다림이 짧게 느껴지도록 한 것입니다. 돈가스 가게에서 돈가스가 나오기 전에 샐러드나 빵, 수

프 등을 먼저 주는 이유도 메인 음식인 돈가스를 기다리는 기다림이 짧게 느껴지게 하기 위해서입니다.

두 번째, 문자메시지를 보내면 고객의 악플을 방지하는 효과가 있습니다. 고객에게 '음식에 문제가 있으면 이 번호로 연락을 주면 즉시 조치하겠다'라는 내용으로 문자메시지를 보내면 고객은 악플을 달기보다 직접 연락을 주는 경우가 많습니다. 이때 사장님의 대처가 좋았다면 단골 고객으로 전환시킬 수 있습니다.

세 번째, 문자메시지를 보내면 배달 지연에 따른 책임을 배달 라이더에게 전가할 수 있습니다. 배달앱 출시 초창기에 고객들은 배달 지연이 배달음식점 책임이라고 생각했습니다. 하지만 코로나19로 인해 배달앱 사용 숙련도가 늘면서 이제 많은 고객들이 배달 라이더의 존재를 알고 있습니다. 비수기에는 배달 라이더가 빠르게 음식을 수거해 고객에게도 빨리 알림이 가겠지만 성수기에 주문이 몰릴 때는 배달 라이더가 음식을 수거해도 배달앱의 수거 버튼을 누르지 않아 고객에게 알림이 가지 않을 수 있습니다. 이를 방지하기 위해 문자메시지를 보내는 것이 효과적입니다.

┃ 포장 봉투 관리하기

포장 봉투에도 신경을 써야 합니다. 최근 배민상회 등에서 포장 봉투를 구매해 사용하는 배달음식점 사장님들이 많습니다. 단기적으로는 원가 절감 효과가 있으나 장기적으로 좋은 방향은 아닙니다.

코로나19가 완전히 사라진 것은 아니지만 여전히 홈 파티나 집들이 같은 키워드는 이전에 비해 조회 수가 늘어나고 있으며 하나의 트렌드로 자리 잡고 있습니다. 그리고 외식 빈도는 코로나19가 나타나기 이전에도 지속적으로 감소하고 있었습니다.

만약 집에 지인들을 초대한다면 여러분은 다음 중 어느 가게를 고를까요?

1. 우리 동네 최고의 맛집이지만, 검은 봉투에 포장돼 오는 가게
2. 우리 동네 최고의 맛집은 아니지만, 깔끔하게 포장돼 오는 가게

아주 친한 지인이 아니라면 1번보다는 2번을 선택할 가능성이 높습니다. 맛도 중요하지만 포장 수준에 따라 지인을 생각하는 수준으로 인식될 수 있기 때문입니다.

또한 최근에는 고층 아파트가 많이 늘었습니다. 고층 아파트의 엘리베이터에 배달 라이더와 같이 탔을 때 그 음식 냄새가 얼마나 매

력적으로 다가오는지 대부분 경험이 있을 것입니다. 만약 배달 라이더가 들고 있는 그 음식이 내용물을 알 수 없는 검은 봉투에 싸여 있다면 그냥 지나갈 일입니다. 하지만 그 음식의 포장 봉투에 특정 브랜드의 로고가 박혀 있고 전화번호까지 있다면 어떨까요? 집에 도착하는 즉시 주문을 할지도 모릅니다.

사소한 비닐 1장으로 치부할 수 있지만 포장 봉투가 어떠냐에 따라 고객의 기분이 달라질 수 있고 그에 따른 만족도도 달라질 수 있음을 명심해야 합니다.

Ⅰ 영수증 관리하기

배달음식점은 고객에게 의무적으로 영수증을 발급해야 합니다. 또한 모든 배달앱들은 고객 요청 사항을 활성화시키고 있습니다.

영수증은 포장 봉투 상단의 잘 보이는 곳에 부착하고 영수증에 적힌 고객 요청 사항에는 필히 빨간색이나 눈에 띄는 색의 형광펜 등으로 줄을 그어줍니다. 그리고 중요한 단어에는 동그라미를 쳐주기도 합니다. 이는 고객에게 '당신의 요청 사항을 잘 보았다'라는 것을 은연중에 알려주는 표시입니다.

┃ 서비스 상품 보내기

스토리라인의 마지막은 고객에게 서비스 상품을 보내는 것으로, 앞서 설명했던 식당에서 주는 소주 1병과 같은 효과를 낼 수 있습니다. 이 서비스는 고객이 음식을 맛보기 전에 발견해야 효과가 있습니다.

조금은 식상할 수 있지만 우선 알코올 솜, 핫팩, 면봉 같은 단가는 낮지만 편의성을 제공하는 제품을 준비합니다. 그리고 손바닥 정도 크기의 메모지에 고객에게 전달할 내용을 인쇄합니다. 약 1만 원 정도면 1,000장 인쇄가 가능합니다. 메모지에는 다음과 같은 문구를 넣어 인쇄한 뒤 포장 봉투 또는 용기에 붙여주면 됩니다.

소중한 고객님, 주문 감사합니다. 알코올 솜은 물티슈와 달리 살균 소독 효과가 있습니다. 식사 전 테이블 등을 닦아 고객님의 건강과 위생을 챙기셨으면 좋겠습니다.

– ○○ 분식 –

소중한 고객님, 주문 감사합니다. 올 겨울은 유난히 더 추운 것 같습니다. 손이라도 따뜻하셨으면 하는 마음에 핫팩을 넣어 보내드립니다. 아무쪼록 건강한 겨울 보내셨으면 좋겠습니다.

– ○○ 찜닭 –

이런 문구들을 통해 '고객에게 인지되며 고객에게 어떤 대가를 바라지 않고 지급되는 서비스'를 제공했습니다. 또한 문장 말미에 '좋은 리뷰는 저희에게 도움이 됩니다'라는 내용은 적지 않았기 때문에 오히려 고객을 위한 마음이 더욱 커 보이는 효과가 있습니다.

과연 이런 서비스로 고객이 만족하고 또 단골 고객으로 전환될 수 있을까요? "글쎄"라고 대답한다면 아직도 사장님의 관점에서 보고 있는 것입니다. 이런 서비스가 이뤄지는 상황을 고객의 관점에서 바라보면 다음과 같습니다.

배가 고파서 주문을 합니다. 주문한 곳에서 배달 예상 시간 알림이 옵니다. 기다리고 있는데, 배달음식점 사장님이 출발했다는 문자메시지를 보내옵니다. 배달 라이더로부터 음식을 전해 받습니다. 지인에게 내놓아도 부끄럽지 않을 정도로 포장에 신경을 쓴 흔적이 보입니다. 특별한 요청 사항에 줄을 그어가며 신경을 써준 흔적도 보입니다. 추운 겨울에 감기 조심하라는 문구와 함께 핫팩이 들어있습니다. 음식을 먹기 전부터 이미 기분이 좋습니다.

앞서 배달앱 최적화에 대해 이야기하며 사장님 한마디와 단골 고객을 만드는 서비스를 꾸준히 했던 가게의 매출이 비약적으로 향상됐다고 말했습니다. 실제로 매출이 비약적으로 향상됐던 가게들도 딱 이 정도의 서비스를 제공했습니다. 이 역시도 사장님 한마디와 마찬가지로 한 달이라도 꼭 해보길 바랍니다.

이런 서비스를 하면 단골 고객이 늘어나는 것과 별개로 리뷰 수도 증가합니다. 배달음식점을 운영해본 사장님이라면 10명 중 2명 정도만 리뷰를 작성한다는 것을 알고 있을 것입니다. 그리고 10명 중 3명은 소위 악성 '먹튀'로, 리뷰를 절대 작성하지 않습니다. 우리가 신경 써야 할 고객은 10명 중 나머지 5명인데, 이들은 리뷰를 작성할 때도 있고 작성하지 않을 때도 있습니다. 이들이 리뷰를 작성할지 말지를 결정하는 가장 큰 요인은 음식에 대한 만족도이지만 두 번째로 큰 요인은 리뷰의 소재입니다.

어릴 적 글짓기할 때를 떠올려봅시다. 글짓기 주제 중 가장 힘든 주제는 바로 '자유 주제'입니다. 신발이든 종이컵이든 주제가 주어지면 어떻게든 글을 써보겠지만 자유 주제는 글쓰기가 정말 힘듭니다. 고객도 마찬가지입니다. 조금이라도 리뷰로 작성할 만한 주제가 있으면 쉽게 리뷰를 작성하지만 그렇지 못하면 리뷰를 작성하는 것에 어려움을 느낍니다.

2만 원을 내고 배달 음식을 주문했고 2만 원만큼의 만족을 했다면 잘해봤자 "잘 먹었습니다" 정도의 리뷰가 최선입니다. 하지만 출발할 때부터 음식을 먹기까지 스토리라인이 잘 짜여진 서비스가 이뤄진다면 고객의 만족도도 높아지며 리뷰 작성률도 자연스럽게 올라갑니다. 이런 서비스를 잘해서 리뷰 작성률이 60%가 되는 가게도 있습니다.

다시 말하지만 배달음식점은 고객 확장이 불가능하기 때문에 단골 고객이 많아야 성공할 수 있습니다. 그리고 그 단골 고객을 만드는 데 가장 중요한 요소는 서비스임을 명심하기 바랍니다.

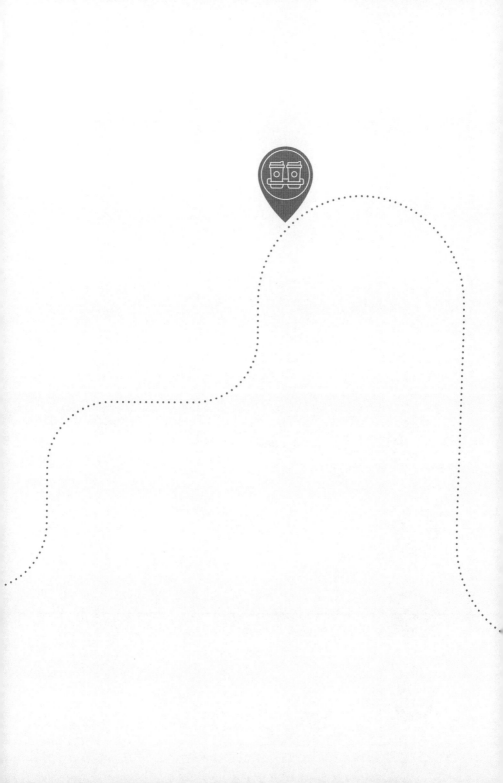

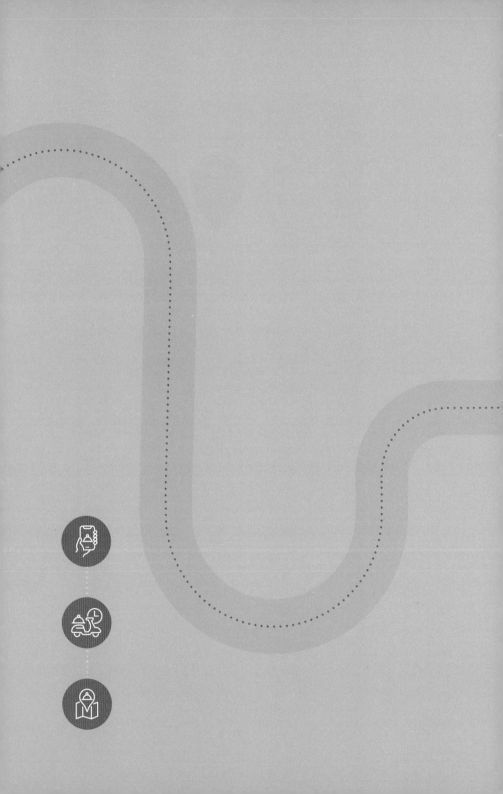

6장

효과적인
울트라콜 활용법

01

울트라콜 운영의 3대 원칙

　많은 배달음식점 사장님들이 가장 어려워하는 부분이 배달의민족의 울트라콜 광고 프로그램입니다. 울트라콜은 개당 월 88,000원(부가세 포함)이 부과되는 광고입니다. 과거에 비해 앱의 검색 기능이 활성화되고, 배민1 같은 새로운 광고 프로그램이 등장했으며, 많은 고객들이 특정 메뉴에 대한 단골 고객으로 전환되면서 이전에 비해 울트라콜의 효과가 떨어진 것은 사실입니다. 그럼에도 불구하고 전략적인 노출이 가능하다는 장점이 있기 때문에 배달음식점을 운영하는 데 울트라콜은 필수적입니다.

　배달음식점 사장님들의 큰 오해 중 하나가 울트라콜 위치를 잘 선택하면 주문이 늘어날 것이라는 기대입니다. 그래서 울트라콜만 별도로 컨설팅해주는 곳도 있습니다. 하지만 본 책의 앞선 내용을 모두 읽어본 사장님이라면 울트라콜은 노출 수를 늘리는 데 한정되며 노출 수보다는 클릭률이나 주문전환율을 높이는 게 더 중요하다는 사실을 알았을 것입니다. 클릭률이나 주문전환율을 높이는 데 더 집중하되, 울트라콜도 원칙을 가지고 운영한다면 더 나은 효과를 볼 수 있음을 알고 울트라콜에 대해 보다 자세히 알아보겠습니다.

울트라콜을 한 단어로 정의한다면 '공격수'입니다. 울트라콜은 위치를 정해놓고 주문이 들어오길 기다리는 '수비수'가 아니라 고객이 있을 만한 곳을 찾아다니는 능동적인 공격수가 돼야 합니다. 따라서 배달음식점의 성수기에는 울트라콜 수를 늘리고 주된 타깃 고객이 있을 만한 곳에 울트라콜을 위치시켜야 합니다.

울트라콜 운영의 3대 원칙이 있습니다.

첫 번째, 울트라콜은 한 지역에 1개월 정도는 두는 것이 좋습니다. 울트라콜을 위치시켜놓고 하루 이틀 주문이 없으면 다른 곳으로 옮기는 사장님들이 있는데, 이는 잘못된 행위입니다.

만약 집 근처에 새로운 우동 가게가 생겼다고 가정해보겠습니다. 여러분은 우동 가게가 개업함과 동시에 바로 방문하나요? 대부분은 새로 생긴 가게에 손님이 얼마나 많은지, 대기 인원이 있는지, 주변 평은 어떤지 확인하고 방문을 합니다.

울트라콜 역시 마찬가지입니다. 고객에게 본인 가게가 노출됐다

하더라도 곧바로 주문하는 고객의 비율은 매우 낮습니다. 본인 가게가 고객에게 두 번, 세 번 노출돼 눈에 익고 리뷰 같은 평이 좋아야 비로소 주문을 합니다.

또한 울트라콜은 노출 수, 클릭 수, 주문 수라는 중요한 지표를 제공합니다. 이 지표를 분석하는 것은 본인 가게에 맞는 상권을 확인하고 문제점을 파악하는 데 도움이 됩니다. 하지만 이 지표가 신뢰성을 갖기 위해서 1개월 정도의 데이터는 있어야 합니다.

이런 2가지 이유로 울트라콜은 한 지역에 1개월 정도는 두는 것이 좋습니다.

두 번째는 울트라콜은 한 지역에 최대 3개월만 둡니다. 울트라콜을 운영하다 보면 유독 성과가 좋은 지역이 있습니다. 그러면 많은 사장님들이 이 울트라콜을 6개월 이상 옮기지 않기도 하는데, 이는 효과적이지 못합니다.

만약 사장님이 100명의 사람들에게 노출하기 위해 특정 지역에 울트라콜을 위치시켰다고 가정해보겠습니다. 초기 1개월 동안 10명이 주문했으며, 이 중 5명은 단골을 만드는 서비스를 통해 단골 고객이 됐고, 나머지 5명은 음식이 입에 맞지 않아 다시 주문하지는 않았습니다. 그렇다면 사장님은 초기 100명의 사람들에게 노출하기 위해 울트라콜을 운영했으나 1개월이 지난 시점에는 단골 고객이 된

5명과 만족하지 못한 5명을 제외한 90명에게만 노출되는 효과가 있습니다. 이런 과정이 3개월 정도 지속되면 울트라콜을 운영했던 지역에서 일부 단골 고객이 생기고 일부 재주문을 하지 않을 고객이 생깁니다. 그리고 이들은 더 이상 울트라콜로 유입되지 않을 가능성이 높기 때문에 초기에 생각했던 것보다 매력도가 감소합니다.

또한 사장님 가게에 3개월 동안 주문하지 않았던 사람이 4개월째에 주문할 확률은 얼마나 될까요?

이런 2가지 이유로 울트라콜은 한 지역에 최대 3개월만 두는 것이 좋습니다.

세 번째는 울트라콜을 운영하는 지역 중 한 곳은 2개월 연속으로 이어가야 합니다. 이 부분은 이해가 어려울 수 있기 때문에 예시로 설명하겠습니다.

1월에 울트라콜을 ①, ②, ③ 3개 지역에 운영했으며 노출 수가 각각 300이었습니다. 노출 수가 만족스럽지 못해 2월에는 ①→④, ②→⑤, ③→⑥으로 지역을 변경했습니다. 그리고 ④, ⑤, ⑥ 지역의 노출 수는 각각 500으로 늘어났습니다. 울트라콜 위치를 변경한 것은 잘한 것일까요?

[도표 6-1] **'울트라콜' 3개 지역 이동 예시**

1월		2월	
지역	노출 수	지역	노출 수
①	300	① → ④	500
②	300	② → ⑤	500
③	300	③ → ⑥	500

알 수 없습니다. 그 이유는 울트라콜 위치를 잘 변경한 것일 수도 있지만 배달음식점 성수기로 인해 전체적인 노출 수가 늘어났을 수도 있기 때문입니다. 그래서 그 기준점을 알기 위해 ①, ②, ③ 지역 중 하나를 기준점으로 두고 2월에도 유지한 뒤 자세한 성과를 비교해봐야 합니다.

[도표 6-2] **'울트라콜' 2개 지역 이동과 1개 지역 고정 예시**

1월		2월	
지역	노출 수	지역	노출 수
①	300	①	300
②	300	② → ⑤	500
③	300	③ → ⑥	500

[도표 6-2]와 같이 ① 지역을 기준점으로 둔 상태에서 ②→⑤, ③→⑥으로 지역을 변경했을 때 노출 수가 동일했다면 이것은 무엇을 의미할까요? 기준점이 되는 ① 지역의 1, 2월 노출 수에 차이가 없었다는 것은 성수기와 비수기의 영향은 아님을 알 수 있으며 1월의 ②, ③ 지역보다 2월의 ⑤, ⑥ 지역의 노출 수가 많았던 것으로 미루어 보아 ⑤, ⑥ 지역이 본인 가게에 더 맞는 위치라는 것을 알 수 있습니다.

울트라콜의 통계가 성수기와 비수기의 영향으로 인한 것인지, 실제 위치를 잘 잡은 것인지 확인하기 위해 울트라콜을 운영하는 지역 중 한 곳은 2개월 연속으로 이어가야 합니다.

02

주기별 울트라콜 활용 방법

울트라콜은 고객이 있는 곳을 찾아가야 합니다. 그리고 성수기와 비수기가 존재하는 배달음식점 특성상 주기별로 울트라콜 전략을 달리해야 합니다. 그래서 이번 소단원에서는 울트라콜의 연간, 월간, 주간, 일간 전략에 대해 알아보겠습니다.

첫 번째로 울트라콜 연간 전략입니다. 울트라콜 연간 전략의 핵심은 성수기와 비수기를 구분하는 것입니다. 앞서 지역, 업종, 메뉴, 가격대에 따라 다르지만 배달음식점의 성수기는 춥거나 덥거나 눈이나 비가 오는 등 고객이 외출을 꺼려하는 시기라고 말했습니다. 비수기는 그 반대입니다. 즉, 울트라콜의 연간 전략의 핵심은 성수기에 많은 울트라콜을 배치해 매출을 늘리는 것이며 비수기에는 울트라콜을 줄여서 비용을 줄이는 것입니다.

두 번째로 울트라콜 월간 전략입니다. 울트라콜 월간 전략의 핵심은 지역에 대한 정보입니다. 특정 지역의 경우 월초나 월말, 혹은 특정 시기에 장사가 잘되는 경우가 있으며 이런 곳들은 주로 공업단지나 대기업이 모여 있는 곳일 가능성이 높습니다. 즉, 많은 사람들의 급여일이 집중될 때 주문이 늘어나는 경향이 있습니다. 이런 정보를 파악했다면 매출이 높은 시기에 울트라콜을 집중시켜야 합니다.

대형 조선사들이 모여 있는 거제시의 경우 급여일이 월말에 집중돼있어 월초에 비해 월말에 매출이 늘어나는 특성이 있습니다. 그래서 이 지역에서 장사하는 배달음식점의 A사장님은 1~15일에는 울트라콜을 2개 운영하고 16~30일에는 6개를 운영합니다. 월평균 4개를 운영하지만 수요가 많을 때 운영함으로써 매출을 늘리고 있습니다.

세 번째로 울트라콜 주간 전략입니다. 다음과 같은 질문을 해보겠습니다.

날씨가 좋은 주말, 아파트 상권에서 주문이 있을까요?
오피스 상권에 있는 울트라콜은 주말에 제 역할을 할까요?

지역에 따라 조금 다를 수는 있지만 두 질문 모두 대답은 '아니요'입니다. 즉, 두 지역에 위치한 울트라콜은 제 역할을 하지 못한다는 의미입니다. 그렇다면 어떻게 해야 할까요?

주문이 있을 만한 지역으로 울트라콜을 옮겨야 합니다. 아파트나 오피스에서 주문이 없을 것 같다면 그나마 주문이 있을 것으로 예상되는 오피스텔이나 원룸 등이 밀집된 지역으로 울트라콜 위치를 옮겨서 주문을 유도해야 합니다. 이 역시 울트라콜은 고객이 있는 곳을 찾아간다는 기본 개념만 안다면 어려운 것이 아닙니다.

마지막으로 울트라콜 일간 전략입니다. 울트라콜 일간 전략도 고객이 있는 곳을 찾아간다는 기본 개념을 토대로 생각하면 됩니다. 서울에서 운영 중인 24시간 김치찌개 배달 전문점인 B가게를 예시로 설명해보겠습니다.

B가게의 경우 위쪽은 유흥 상권, 오른쪽은 아파트 상권, 왼쪽은 오피스 상권이 있습니다. 사장님은 각 상권별로 울트라콜을 1개씩 총 3개의 울트라콜을 운영 중이었는데, 제 컨설팅을 통해 울트라콜 수를 2개로 줄였습니다. 대신 울트라콜 운영 지역을 하루 세 번 변경했고 그 내용은 다음과 같습니다.

10~16시 : 오피스 상권

16~22시 : 아파트 상권

22~10시 : 유흥 상권

이렇게 울트라콜 운영 지역을 옮겨다닌 결과 울트라콜을 3개 운영했을 때에 비해 개수는 1개 줄었지만 노출 수는 2배로 늘었습니다. 고객이 있을 만한 곳을 찾아다녔기 때문입니다.

울트라콜을 연간, 월간, 주간, 일간으로 전략을 세운다면 노출 수를 늘리는 데 더욱 큰 효과를 볼 수 있습니다. 다만 이렇게 했을 경우 185쪽에서 소개한 울트라콜 운영의 3대 원칙 중 첫 번째 원칙인 '울트라콜은 한 지역에 1개월 정도 둔다'에 어긋날 수 있습니다. 하지만 이는 사장님의 기준으로 생각했기 때문입니다.

평일에 오피스 상권으로 출근하는 사람이 있다고 가정해보겠습니다. 점심때마다 주문을 하려고 배달앱을 열었을 때 24시간 김치찌개 배달 전문점인 B가게가 보입니다. 그리고 주문을 합니다. 즉, 수요가 가장 많을 시간에 그 위치에 있는 것입니다. 그리고 아주 드물게 저녁까지 야근할 때면 이미 B가게의 울트라콜은 다른 지역으로 이동했기 때문에 이 사람에게는 보이지 않습니다. 수요가 적을 것으로 예상되는 시간에는 수요가 더 많은 다른 곳으로 이동했기 때문입니다. 울트라콜이 공격수라는 원칙을 갖고 수요가 많을 것으로 예상되는 시간을 공략하고 수요가 적을 때는 과감하게 포기해야 합니다. 이렇게 사장님이 아닌 고객 입장에서 생각한다면 이 원칙을 이해할 수 있습니다.

제가 언급한 전략들 외에도 지역이나 본인 메뉴에 대해 잘 알고 있다면 더 많은 울트라콜 전략이 있을 수 있습니다. 가장 중요한 것은 고객이 어디에 있을지 고민하고 고객 입장에서 생각하는 것입니다.

울트라콜 데이터 활용 방법

많은 배달음식점 사장님들이 울트라콜을 위치시키기만 하면 주문이 몰려드는 그런 지역이 있다고 생각합니다. 실제로 저와 컨설팅을 진행했던 사장님들 중 꽤 많은 분들이 과거 울트라콜 컨설팅을 진행한 적이 있으며 전혀 효과를 보지 못했다고 말했습니다. 왜 그럴까요?

저는 숍인숍으로 운영하는 가게조차도 울트라콜의 위치는 달라야 한다고 말합니다. 그 이유는 메뉴, 단가, 구성에 따라 어울리는 울트라콜의 위치는 각각 다르기 때문입니다.

한 예로 지방 대기업 인근 어느 원룸촌이었습니다. 이곳은 젊은 1인 가구 및 동남아 출신의 외국인들이 많이 거주하는 곳이었습니다. 다른 곳에 비해 배달 주문이 많았고 주 메뉴는 김치찌개, 백반, 쌀국수 같은 것들이었습니다. 그렇다면 통계적으로 이 지역에 주문이 많으니 족발을 판매하는 배달음식점 사장님이 이 지역에 울트라콜을 위치시키면 과연 효과가 있을까요?

본인 가게의 메뉴, 단가, 구성에 맞는 울트라콜 위치는 스스로 찾아야 합니다. 그러기 위해서는 앞에서 설명했던 울트라콜 운영의 3대 원칙을 기준으로 통계자료를 분석하는 능력을 키워야 합니다. 그러나 아무런 데이터도 없이 접근하기에는 조금 어려울 수 있으니 최대한 데이터에 근거해 접근하는 것이 좋습니다.

울트라콜을 효과적으로 활용하기 위해서는 기본적으로 오피스 상권, 주거 상권, 유흥 상권으로 분류하는 것이 좋습니다. 오피스 상권은 기업이나 관공서가 밀집된 곳을 말하며, 주거 상권은 크게 아파트·원룸·오피스텔·주택으로 나눌 수 있고, 유흥 상권은 말 그대로 유흥가가 형성된 상권을 말합니다.

이런 각 상권들의 특징과 본인이 판매하는 메뉴에 따라 울트라콜 위치를 찾는 것이 좋습니다. 만약 본인 가게가 있는 상권에 오피스 상권이 없다면 점심 장사보다는 저녁이나 야식 위주로 판매하는 전략을 세워야 하며, 유흥 상권이 없다면 야식보다는 점심이나 저녁 장사를 주로 하는 전략을 세우는 것이 좋습니다.

'경기도 화성시 여울로2길 23'의 분석 결과를 예시로 이야기해보겠습니다.

[도표 6-3] '경기도 화성시 여울로2길 23'의 인구 분석 결과

인구	유동인구			
	일평균 유동인구	최다 요일	최다 성별	최다 나이
	48,843명	금요일	여성	40대
	직장/주거인구			
	직장인구	직장인구 평균소득	주거인구	주거인구 평균소득
	18,108명	358만원	135,311명	389만원

※ 유동인구는 월별 일평균 인구, 주거인구와 직장인구는 반기별 인구 기준임

출처 : 소상공인시장진흥공단

[도표 6-3]은 2022년 8월 기준 소상공인시장진흥공단의 상권 분석 프로그램을 이용해 해당 지역의 반경 1.5킬로미터 내 직장인구와 주거인구를 분석한 결과입니다. 직장인구가 18,108명인 데 비해 주거인구는 135,311명으로 주거인구가 월등히 많은 것을 알 수 있습니다. 그리고 '네이버 지도'를 통해 해당 지역에서 '주점'이라고 검색했을 때 특별히 유흥 상권이 있는 것처럼 보이지도 않았습니다. 이런 경우라면 오피스 상권이나 유흥 상권보다는 주거 상권에 집중해야 함을 알 수 있습니다.

[도표 6-4] '경기도 화성시 여울로2길 23'의 가구 분석 결과

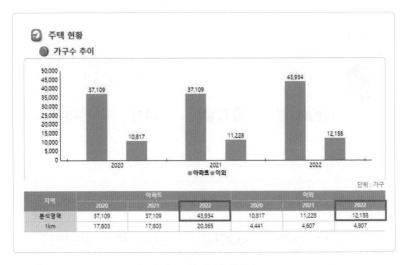

출처 : 소상공인시장진흥공단

또한 2022년 8월 기준 해당 지역의 가구 수를 분석해보면 아파트 가구가 전체의 약 80%나 차지하므로 울트라콜은 아파트가 있는 지역 위주로 운영하는 것이 합리적이라고 판단할 수 있습니다. 따라서 울트라콜을 5개 지역에 운영한다면 4개는 아파트가 있는 지역에 위치시키고 나머지 1개는 오피스텔이나 원룸이 있는 지역에 위치시켜 성과를 분석해보는 것이 좋습니다.

다른 곳과는 달리 아파트는 많은 배달음식점 사장님들이 울트라콜을 위치시키는 곳입니다. 그 이유는 특정 아파트에서 상위 노출이 될 경우 엄청난 노출 수가 발생할 수 있기 때문입니다. 그래서 아파트가 있는 지역에 울트라콜을 위치시킬 때는 특별한 전략이 필요합니다.

첫 번째, 가장 매력적인 포인트를 찾습니다. 아파트를 기준으로 매력적이라는 말은 세대수가 많거나 운영하는 가게로부터 거리가 가깝다는 것입니다. 운영하는 가게로부터 배달 반경 안에 있는 모든 아파트의 세대수와 거리를 조사해서 가장 매력적인 아파트 순서를 나열해야 합니다.

두 번째, 평형을 봐야 합니다. 많은 배달음식점 사장님들이 '평수가 넓은 곳은 소비 여력이 높아 배달 주문이 많을 것'이라고 생각합니다만 소비 여력이 높은 곳에 거주하는 사람들은 식당에 직접 방문해서 먹는 것을 선호하기 때문에 실제 배달 주문이 많지는 않습니다. 또한 평형이 너무 작은 곳은 소비 여력이 낮기 때문에 배달 주문이 적습니다. 따라서 20~30평형이 배달 주문이 가장 많습니다.

세 번째, 울트라콜을 위치시키고 상위 노출을 확인합니다. 많은 배달음식점 사장님들은 아파트가 있는 지역에 울트라콜을 위치시키는 것을 선호합니다. 따라서 특정 아파트가 있는 지역에 울트라콜을 위치시켰다면 꼭 그 아파트로 본인 주소를 옮겨서 상위 노출—통상적으로 세 번째 이내—이 되는지 확인해야 합니다. 상위 노출의 로직은 배달의민족에서 공개하지 않기 때문에 누가 상위에 노출되는지 직접 확인하는 수밖에 없습니다.

만약 본인이 점찍은 아파트가 있는 지역에서 상위 노출이 되지 않는다면 과감히 다음으로 매력적인 아파트로 위치를 변경해야 합니다. 실제로 1,000세대가 거주하는 아파트 지역에 열 번째로 노출되는 것보다 500세대가 거주하는 아파트 지역에 두 번째로 노출되는 것이 노출 수가 많은 경우가 있습니다.

네 번째, 성과를 분석합니다. 만약 해당 아파트가 있는 지역에서 성과가 좋지 않았다면 울트라콜을 다른 위치로 옮겨주면 되고 성과가 좋았다면 또 다른 아파트 정보를 확인합니다. 예를 들어 울트라콜을 위치시킨 특정 아파트 지역의 성과가 좋았고 배달 반경 안에서 이 아파트와 준공 연월과 시세가 비슷한 다른 아파트가 있다면 본인 가게를 선호하는 타깃층이 존재할 가능성이 높으니 울트라콜을 위치시키고 성과를 확인합니다.

다른 상권도 이와 같은 시스템으로 울트라콜을 위치시키고 성과를 분석하며 특이점을 찾아내 최대한 본인에게 맞는 울트라콜 위치를 찾아가야 합니다. 물론 초기에는 어려울 수 있습니다. 하지만 한두 달 데이터가 쌓여가면 조금씩 본인에게 맞는 울트라콜 위치를 찾을 수 있습니다.

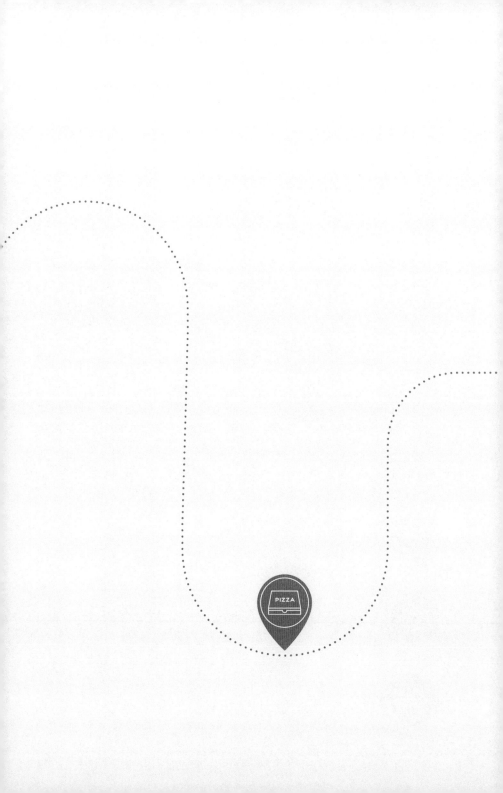

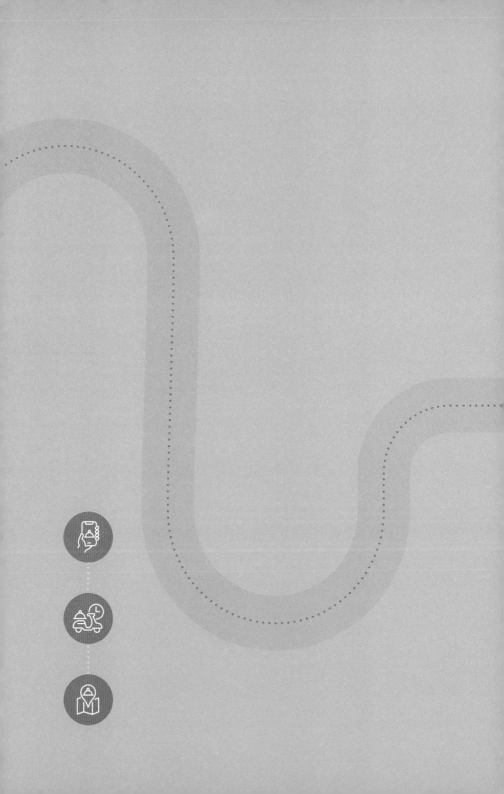

7장

배달음식점 컨설팅 사례

이번 장에서는 지금까지의 내용을 토대로 제가 컨설팅을 진행한 사례들에 대해 이야기해보겠습니다. 실제 컨설팅 사례를 통해 문제점을 파악하고 해결하는 과정을 살펴봄으로써 배달음식점 운영에 큰 도움이 될 수 있습니다.

01

사례 1 : 천안 분식 전문점

천안에서 분식 전문점을 운영하는 사장님 A의 고민은 다음과 같았습니다.

1. 매출이 저조하고 향상되지 않는다.
2. 단골 고객을 늘리는 방법이 궁금하다.
3. 울트라콜 활용 방법이 궁금하다.

그리고 각 고민에 대한 해결책은 다음과 같았습니다.

1. 매출이 저조하고 향상되지 않는다

문제점을 파악하기 위해 가장 먼저 확인해야 할 부분은 노출 수,

클릭률, 주문전환율입니다. 노출 수는 큰 문제가 없었으나 클릭률이 2%이고 주문전환율이 3% 수준으로, 고객의 클릭을 유도하지 못했고 고객의 심리를 활용한 배달앱 최적화를 하지 못했기 때문에 주문전환율이 낮았습니다. 그래서 본 책에서 소개한 내용대로 배달앱 최적화를 진행했습니다.

2. 단골 고객을 늘리는 방법이 궁금하다

사장님 A는 '맛이 있으면 단골이 된다'라는 생각에 서비스에 대한 부분을 소홀히 했고 그 결과 재주문을 하는 단골 고객이 부족한 상황이었습니다. 그래서 단골 고객을 만드는 서비스에 집중했습니다.

3. 울트라콜 활용 방법이 궁금하다

사장님 A는 2021년 8월에 창업했고 제가 컨설팅을 진행한 시점은 2021년 11월이었기 때문에 울트라콜에 대한 데이터가 부족했습니다. 그래서 배달 속도가 빨라 우호적인 반응을 줄 수 있는 반경 1.5킬로미터 내 지역에 집중해 울트라콜을 위치시켰습니다.

그 결과 배달의민족이 제공하는 통계자료에서 중요하게 봐야 할 지표인 노출 수, 클릭 수, 주문 수는 [도표 7-1]과 같이 나타났습니다.

[도표 7-1] 천안 분식 전문점의 배달의민족 통계자료

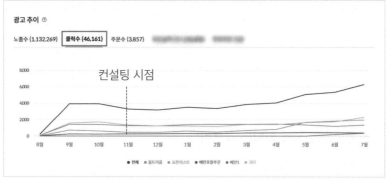

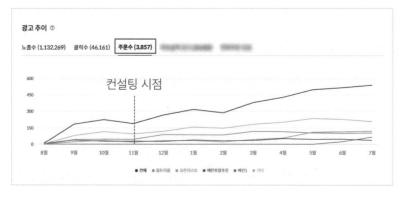

사례 2 : 안양 찜닭 전문점

안양에서 찜닭 전문점을 운영하는 사장님 B의 고민은 다음과 같았습니다.

1. 매출이 저조하다.
2. 울트라콜 위치를 어떻게 잡아야 할지 모르겠다.
3. 단골 고객을 만드는 서비스가 궁금하다.

사장님 B의 고민도 사장님 A와 거의 비슷했으며 각 고민에 대한 해결책은 다음과 같았습니다.

1. 매출이 저조하다

문제점을 파악하기 위해 가장 먼저 확인해야 할 부분은 노출 수, 클릭률, 주문전환율입니다. 노출 수는 큰 문제가 없었으나 클릭률이 1%이고 주문전환율이 4% 수준이었으므로 본 책에서 소개한 내용대로 배달앱 최적화를 진행했습니다.

2. 울트라콜 위치를 어떻게 잡아야 할지 모르겠다

울트라콜을 활용할 때는 상권을 나누고 그 데이터를 활용하는 것이 중요합니다. 하지만 사장님 B는 큰 기준 없이 울트라콜을 위치시켰습니다. 그래서 주거 상권을 아파트, 오피스텔, 원룸으로 크게 나누고 각 상권별 데이터를 분석해 유리한 위치를 찾았습니다.

3. 단골 고객을 만드는 서비스가 궁금하다

이 역시도 사장님 A와 마찬가지로 단골 고객을 만드는 서비스에 집중했습니다.

그 결과 배달의민족이 제공하는 통계자료에서 중요하게 봐야 할 지표인 노출 수, 클릭 수, 주문 수는 [도표 7-2]와 같이 나타났습니다.

[도표 7-2] 안양 찜닭 전문점의 배달의민족 통계자료

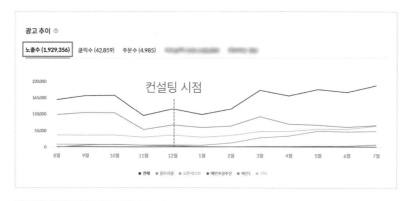

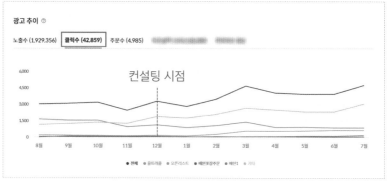

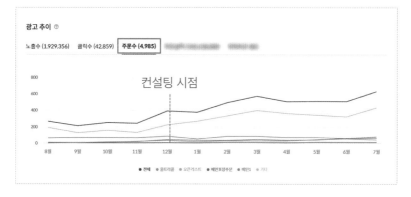

03

사례 3 : 전주 초밥 전문점

전주에서 초밥 전문점을 운영하는 사장님 C의 고민은 다음과 같았습니다.

1. 매출이 늘어나지 않는다.
2. 메뉴에 대한 조언이 필요하다.

사장님 C의 고민도 사장님 A, B와 거의 비슷했으며 각 고민에 대한 해결책은 다음과 같았습니다.

1. 매출이 늘어나지 않는다

문제점을 파악하기 위해 가장 먼저 확인해야 할 부분은 노출 수,

클릭률, 주문전환율입니다. 클릭률은 4% 수준으로 평균 이상은 됐으나 노출 수가 적었고 주문전환율이 8% 수준으로 낮았습니다. 노출 수를 늘리기 위해 울트라콜 데이터를 분석했고 특정 아파트와 원룸이 있는 지역에서 노출 수가 높음을 인지하고 비슷한 포인트를 찾아 공략했습니다. 그리고 주문전환율을 높이기 위해 배달앱 최적화를 진행했습니다.

2. 메뉴에 대한 조언이 필요하다

많은 배달음식점 사장님들이 그렇듯 사장님 C도 메뉴에 대한 욕심이 많았습니다. 하지만 배달음식점의 경우 메뉴가 너무 많으면 전문성이 없어 보이기 때문에 최대한 주 메뉴와 그것과 관련된 메뉴만 취급할 것을 권했습니다.

그 결과 배달의민족이 제공하는 통계자료에서 중요하게 봐야 할 지표인 노출 수, 클릭 수, 주문 수는 [도표 7-3]과 같이 나타났습니다.

[도표 7-3] 전주 초밥 전문점의 배달의민족 통계자료

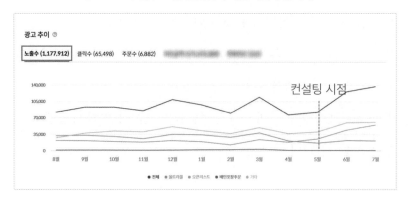

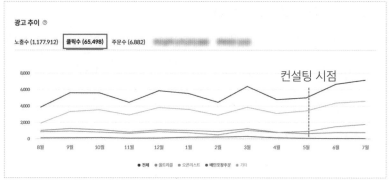

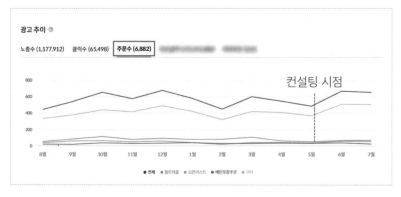

사장님 A, B, C뿐만 아니라 대부분의 배달음식점 사장님들의 고민은 거의 비슷했습니다. 그리고 이런 문제점을 파악하기 위해 노출 수, 클릭 수, 주문 수 등을 수치로 분석하고 클릭을 유도하고 배달앱을 최적화하는 등의 활동으로 주문 수를 늘리는 과정을 거쳤습니다.

제가 본 책에서 알려드린 내용은 한두 번의 실험이 아니라 수없이 많은 사례를 겪고 일정 수준의 성과를 얻은 방법들입니다. 또 하나의 매출 향상 사례가 지금 본 책을 읽고 있는 사장님이 될 수 있도록 꼭 실천해보길 바랍니다.

실행이 답이다

저는 지금까지 수많은 배달음식점 사장님들을 만났고 본 책의 내용과 동일한 내용으로 컨설팅과 교육을 진행했습니다. 하지만 저를 만난 모든 사장님들 가게의 매출이 향상된 것은 아니었습니다. 약 70%의 사장님들 가게만이 매출이 향상됐으며 나머지 30%의 가게는 매출 변화가 없거나 오히려 떨어지기도 했습니다. 왜 그랬을까요?

매출이 향상된 70%의 사장님들은 어떻게든 저와 진행했던 컨설팅 내용을 적용하려고 노력했고 그 결과로 매출이 향상되는 성과를 얻었습니다. 반대로 저와 진행했던 컨설팅 내용을 적용하지 않았던 30%의 사장님들은 경쟁 심화에 따라 매출이 감소하거나 폐업을 한 경우도 있었습니다.

결국은 얼마나 실행을 하느냐의 차이였습니다. 많은 사람들이 "배달음식점은 끝났다"라고 말합니다. 저 역시도 그런 고민을 안 해본 것은 아닙니다만, 오히려 저는 지금이 기회가 될 수 있다고 생각합니다.

위드 코로나 시대가 되면 배달 수요는 완전히 줄어들고 사람들은 홀매장만 방문할 것이라고 예상했으나 예상과 달리 배달 수요가 완전히 줄어들거나 홀매장에만 사람들이 가득 차지는 않고 있습니다. 밀키트 전문점이 활성화되면 고객들이 밀키트만 구매해서 배달이 줄어들 것으로 보였으나 오히려 밀키트는 높은 가격과 낮은 품질 등으로 고객의 외면을 받고 있습니다. 또한 경쟁력이 떨어지는 일부 배달 음식점은 폐업을 하면서 경쟁 강도는 오히려 낮아지고 있습니다.

이제 진짜 실력으로 승부를 하는 때가 왔다고 생각합니다. 이전에는 배달 음식의 공급에 비해 수요가 많았기 때문에 누구나 배달음식점을 운영할 수 있었지만 앞으로는 수요와 공급이 적절하게 균형을 이루는 시장이 될 것이므로 실력자가 눈에 띄는 시장이 될 것입니다.

2020년 9월부터 저는 배달음식점과 관련된 내용으로 블로그를 운영하고 있습니다. 저만큼 배달음식점에 대해 깊게 고민하고 연구하며 실제 배달음식점을 운영하는 사장님들을 많이 만나본 사람은 없다고 자부합니다. 그리고 그 고민과 연구 결과, 사장님들과의 만남을 통한 모든 노하우를 본 책에 담았습니다.

이제 사장님이 몸으로 행동해야 할 때입니다. 사장님의 행동은 머지않아 클릭률과 주문전환율 상승, 매출 향상의 결과를 가져다 줄 것입니다. 늘 사장님들의 건승을 기원합니다.